Cahier d'exercices et de laboratoire
to accompany

Ouvertures

Cours intermédiaire de français

H. Jay Siskin
University of Oregon

Thomas T. Field
University of Maryland—Baltimore County

Julie A. Storme
Saint Mary's College (*Notre Dame, Indiana*)

Prepared by
Cheryl L. Krueger
University of Virginia

Holt, Rinehart and Winston
Harcourt Brace Jovanovich College Publishers
Fort Worth   Philadelphia   San Diego   New York   Orlando   Austin   San Antonio
Toronto   Montreal   London   Sydney   Tokyo

ISBN: 0-03-072411-2

Address editorial correspondence to: Harcourt Brace Jovanovich, Inc.
301 Commerce Street, Suite 3700
Fort Worth, TX 76102

Address orders to: Harcourt Brace Jovanovich, Inc.
6277 Sea Harbor Drive
Orlando, FL 32887
1-800-782-4479, or 1-800-433-0001 (in Florida)

Printed in the United States of America

4 5 6 7 8 9 0 1 2   095   9 8 7 6 5 4 3

TABLE DES MATIÈRES

Cahier de laboratoire

The Workbook / Lab Manual (*Cahier d'exercices et de laboratoire*) is an integral part of *Ouvertures*. It provides numerous writing and listening exercises, which correspond in theme and content to the chapters in the textbook. The exercises are carefully sequenced to provide mechanical, meaningful, and communicative practice. As students complete each **Interaction** of the textbook, they should be assigned the corresponding part of the Workbook / Lab Manual. Students may self-correct much of their work using the **Answer Key** provided at the end of this text. Instructors should collect the Workbook / Lab Manual periodically in order to look over and evaluate those exercises where students are asked to talk about themselves or to express their own point of view.

The Workbook / Lab Manual is divided into two parts: writing activities are contained in the Workbook and oral activities are found in the Lab Manual. The structure of both the Workbook and the Lab Manual is parallel to that of the textbook.

Workbook *(Cahier d'exercices)*

For each **Interaction,** a variety of contextualized exercises review materials presented in the **Autrement dit, Grammaire de base,** and **Structures.** A three to five paragraph composition ends each chapter. The composition is preceded by thorough pre-writing exercises that break the task into small steps and allow the students to organize their thoughts and review vocabulary and grammar before writing. Topics and pre-writing exercises have been chosen to stimulate creativity while incorporating themes and structures studied in each chapter. The pre-writing may be done in small groups in class or assigned as homework. Instructors will determine the number of drafts assigned and the requirements for submission of the final draft. Instructors may wish to use class time for peer-editing of compositions, as well as discussions based on the content of the final draft. Compositions should be collected and and evaluated in terms of content as well as (but not exclusively) form.

Lab Manual *(Cahier de laboratoire)*

Each section of the Lab Manual begins with a short description of the articulation of a French sound. It is followed by a series of discrimination exercises. This section may be done at any time. Contextualized listening comprehension exercises practice vocabulary taught in **Autrement dit** and grammar structures in the **Structures.** The listening activities for each chapter end with a contextualized **Dictée,** which incorporates material from each section of the chapter.

To the Student

By doing the exercises in the Workbook / Lab Manual (*Cahier de exercices et de laboratoire*) systematically after completing the corresponding sections in *Ouvertures*, you will practice and reinforce material presented in the textbook. Below are some suggestions for using each section of the Workbook / Lab Manual effectively.

Workbook

Autrement dit

Before doing this section, look back over the list of vocabulary and expressions in the textbook. Then do the exercises and check your answers where possible. When asked to complete dialogues or give your point of view, be imaginative! Try to put yourself in the situation being described. Pay attention to the meaning and the details of the context: Where are you? To whom are you speaking? What information do you need to know/obtain?

Grammaire de base

Before doing this section, review the grammar explanation in your textbook. Then, try to do the exercises without referring back. All of the exercises in **Grammaire de base** may be corrected with the **Answer Key.** Use these exercises to test yourself and to determine whether or not you need further grammar review.

Structure

Before doing this section, review the grammar explanation in your textbook. Then, try to do the exercises without referring back. Where possible, check your answers in the **Answer Key** after you have completed the exercises. When you are asked personal questions, express yourself as much as possible using the words and expressions you know.

Composition

Writing in any language is a process. Good writers organize and revise before turning in a final draft. At the end of each chapter you will be assigned a writing task based on a situation that would require written communication: a letter, an essay, a short article or review. Your instructor will determine how many drafts you will write, how they will be evaluated, and in what form the final draft will be submitted.

Situation/Préparation

Before writing, you will be asked to complete a series of exercises. Do not skip these exercises; they will help you organize your work into smaller, manageable steps. This will allow you to write better and with more ease. When you begin to write, think about your reader. Will s/he be interested or amused by what you have to say? Will s/he be able to follow your thoughts? Will your grammar and spelling be accurate enough so that comprehensibility is not affected? At times, you may be frustrated because you can't express in French everything you would like to say about the topic. Be patient and remember that direct translation from English to French seldom works. The exercises in this section are designed to help you identify and review pertinent vocabulary and grammar structures as you organize your ideas.

Lab Manual

Prononciation

The listening and pronunciation exercises will help you perceive the differences between French and English sounds and then ask you to imitate the correct French sound. By performing and reviewing these exercises on a regular basis, you will begin to speak French with an authentic accent.

Autrement dit

Before doing these exercises, review the material presented in the textbook. When you are finished, check your answers in the **Answer Key.** If you need to, rewind the tape and listen again.

Structure

Review the material presented in the textbook before beginning. After you are done, check your answers in the **Answer Key.** You may want to rewind and listen again.

Dictée

At the end of each chapter, you will hear a contextualized dictation exercise containing 10-14 sentences. The **Dictée** requires both listening comprehension and an understanding of the vocabulary and grammar presented in the chapter. Try to do the whole exercise, then go back to the beginning to fill in anything you may have missed. Check your answers in the **Answer Key,** then listen again, while reading over your corrected work.

Cahier d'exercices

CHAPITRE 1

Au seuil de la culture
L'enfant et la famille

INTERACTION I: La leçon de conduite

AUTREMENT DIT

A. **Les rapports familiaux.** Connaissez-vous les familles royales de Monaco et d'Angleterre?

1. _____ le Prince Charles
2. _____ la Princesse Béatrice
3. _____ Diana, princesse de Galles
4. _____ Stéphanie de Monaco
5. _____ Margaret, duchesse d'York
6. _____ le Prince Rainier de Monaco

a. la belle–sœur d'Anne
b. la sœur de Caroline
c. le veuf de Grace Kelly
d. la tante du Prince Charles
e. le neveu de Margaret
f. la nièce de Diana

B. **Et vous?** Répondez aux questions suivantes par des phrases complètes.

1. Choisissez un membre de votre famille ou un bon ami et décrivez ses rapports avec tous les autres membres de sa famille. (*Richard est mon père. C'est l'oncle de Thomas, le beau-père de Stéphane, le cousin d'Émilie ... *)

_____

_____

_____

_____

_____

2. Qui est le plus souvent gâté dans les familles que vous connaissez, l'aîné ou le cadet?

_____

_____

3. On dit souvent que les beaux-parents sont difficiles. Etes-vous d'accord? Pourquoi?

_____

_____

4. Une devinette (*a riddle*) : Un homme et son fils sont dans un accident de voiture. A l'hôpital, le médecin regarde le garçon et dit, "Je ne peux pas opérer. C'est mon fils!" Comment est-ce possible?

_____

5. Pendant que Philippe promenait son chien, il a rencontré le fils du mari de la fille unique de sa belle-mère. Quel lien de parenté existe entre cette personne et Philippe?

_____

C. **A table.** Qu'est-ce que vous diriez dans les situations suivantes?

1. Vous voulez la moutarde qui est près de votre sœur.

_____

2. Vous voulez le sucre qui est près du patron de votre père.

_____

3. Votre belle-mère vous demande si vous voulez encore du dessert. En fait, il est très bon!

_____

4. Votre tante vous demande si vous voulez encore de la purée. Vous n'aimez pas trop la purée mais vous ne voulez pas offenser votre tante.

_____

5. Vous offrez à boire à vos invités.

_____

6. Vous offrez à manger à un bon ami.

_____

7. Vous offrez à manger à tous les invités.

_____

GRAMMAIRE DE BASE

A. **Rencontre**. Complétez la conversation en choisissant le verbe approprié et en l'écrivant au présent ou à l'impératif.

1. Valérie: Nathalie! Viens avec moi! Je _____ (faire / rendre) visite à Catherine. C'est son anniversaire.

2. Nathalie: Quel âge _____ (avoir / être) -t-elle?

3. Valérie: Elle _____ (choisir / bâtir) de ne pas me le dire!

4. Nathalie: Tu _____ (aller / faire) à pied?

5. Valérie: Oui. J(e) _____ (avoir / faire) le temps, et il _____ (être / faire) beau.

6. Nathalie: _____ (Écouter / Remplir)! Tu n(e) _____ (avoir /être) pas chaud? Tu sais que tu vas être en retard. _____ (Finir / Prendre) le bus! _____ (Aller / Prendre)-y!

7. Valérie: Peut-être que tu _____ (avoir / être) raison. Mais où est-ce que je _____ (descendre / choisir)?

8. Nathalie:_____ (Aller / Être) jusqu'au centre–ville et _____ (descendre / venir) devant la BNP (*Banque Nationale de Paris*).

9. Valérie: Tu ne _____ (fermer / venir) pas avec moi?

10. Nathalie: je voudrais bien mais j(e) _____ (attendre / réfléchir) un coup de téléphone (*a phone call*) d'une femme qui _____ (répondre / faire) à notre petite annonce. Marc et moi, nous _____ (acheter / être) de nouveaux meubles (*furniture*) mais avant de les acheter, nous _____ (remplir / vendre) ce gros sofa orange.

11. Valérie: Bonne chance. Si vous _____ (rendre / réussir) à le vendre, je serai vraiment étonnée!

B. Camarades de classe. Complétez la conversation en posant les questions nécessaires.

1. _____ ?

   Je vais bien, et toi?

2. _____ ?

   Je fais mes études à cette université parce que je voudrais être avocat.

3. _____ ?

   J'ai quatre cours ce semestre.

4. _____ ?

   D'habitude, j'arrive à la fac vers huit heures et demie du matin.

5. _____ ?

   Mes cours sont très difficiles.

6. _____ ?

   J'habite tout près de la fac, dans une résidence universitaire.

7. _____ ?

   Je vois ma famille pendant les vacances.

 Chapitre 1

8. _____ ?

   Non, je ne vois pas mes parents le week-end. Ils habitent trop loin d'ici.

STRUCTURE I

Pour poser une question: les pronoms interrogatifs

A. **Le vin des Blanchard n'est pas bon.** Posez une question qui donne la réponse indiquée.

1. _____ ?

   Tom dîne chez les Blanchard.

2. _____ ?

   Mme Blanchard offre de la salade niçoise à Tom.

3. _____ ?

   C'est une salade au thon, aux oeufs, aux anchois, et aux légumes.

4. _____ ?

   Tom demande du vin.

5. _____ ?

   Mme Blanchard donne du vin à Tom.

6. _____ ?

   Une fois à la maison, il cherche de l'aspirine.

7. _____ ?

   Le vin des Blanchard n'est pas bon!

B. **Interview.** Vous interviewez une personne célèbre pour le journal de votre université. Composez de bonnes questions à lui poser.

Interview avec _____

1. Qu'est-ce que _____?

2. Avec qui _____?

3. Qu'est-ce qui _____?

4. De quoi _____?

5. Qui est-ce que _____?

6. A quoi _____?

C. **C'est à vous.** Un ami français vous pose des questions sur les repas chez vous. Répondez à ses questions en phrases complètes.

1. Qui fait la cuisine chez vous?

_____

2. Avec qui est-ce que vous dînez souvent?

_____

3. De quoi parlez-vous pendant le repas?

_____

4. Qui a tendance à vous téléphoner pendant que vous dînez?

_____

5. Qu'est-ce que vous dites quand on vous téléphone pendant le repas?

_____

 Chapitre 1

6. Qui fait la vaisselle après le dîner?

_____

STRUCTURE II

Pour conseiller: l'impératif (formes irrégulières)

A. **L'insomnie.** Mme Blanchard a du mal à dormir. Ecrivez les conseils de son médecin à la forme impérative.

1. _____ trop avant d'aller au lit. (ne ... pas / manger)

2. _____ juste avant de vous coucher. (ne ... pas / travailler)

3. _____ d'alcool après le dîner. (ne ... pas / boire)

4. _____ de café ou de thé après 15 heures. (ne ... pas / prendre)

5. _____ prudente! Pas de danse aérobique le soir! (être)

6. _____ attention aux somnifères (*sleeping pills*). (faire)

7. _____ patienter. (savoir)

8. _____ peur. Tout le monde a du mal à s'endormir de temps en temps.
(ne ... pas / avoir)

B. **Entre amies.** Mme Blanchard passe les mêmes conseils à son amie, Marthe, qui ne dort pas bien.

1. _____ trop avant d'aller au lit. (ne ... pas / manger)

2. _____ juste avant de te coucher. (ne ... pas / travailler)

3. _____ d'alcool après le dîner. (ne ... pas / boire)

4. _____ de café ou de thé après 15 heures. (ne … pas / prendre)

5. _____ prudente! Pas de danse aérobique le soir! (être)

6. _____ attention aux somnifères. (faire)

7. _____ patienter. (savoir)

8. _____ peur. Tout le monde a du mal à s'endormir de temps en temps.
(ne … pas / avoir)

C. Conseils. Utilisez l'impératif du verbe entre parenthèses pour donner des conseils.

1. Un groupe d'amis visite votre ville pour la première fois.

(visiter) _____

(ne … pas / visiter) _____

2. Une amie veut dîner au restaurant ce soir.

(aller) _____

(ne … pas aller) _____

3. Des amis déjeunent au restaurant universitaire.

(prendre) _____

(ne … pas / prendre) _____

4. Un ami suisse va regarder la télévision américaine pour la première fois.

(regarder) _____

(ne … pas / regarder) _____

   Chapitre 1

INTERACTION II:
Pas si sévères, après tout

AUTREMENT DIT

A. **Dialogues.** Complétez les dialogues en vous servant des expressions de l'**Autrement dit.**

1. Gilles: Salut Tom! _____?

   Tom: Pas mal, _____?

   Gilles: _____

2. Philippe: Diane, je te présente mes parents, Marie et Guy Faure.

   Diane: _____

3. Geneviève: J'ai cours dans dix minutes! _____

   Christine: Et moi aussi. _____. Ciao!

   Geneviève: _____

4. M. Muraour: Il est déjà 22 heures! Au lit, les enfants!

   Les enfants: _____, papa.

GRAMMAIRE DE BASE

A. **A table.** Complétez le dialogue en choisissant le verbe approprié et en l'écrivant au présent.

1. Mme Blanchard: Tu _____ (vouloir / pouvoir) du café, chéri?

   M. Blanchard: Non, merci. Je _____ (vouloir / venir) de prendre un café et quand j'en bois trop je ne _____ (sortir / pouvoir) pas me concentrer.

2. Anick: Vous _____ (sortir / connaître) mon fiancé, Jean-Philippe?

   Mme Blanchard: Mais oui, je le _____ (connaître / venir) depuis son enfance. C'est le fils d'une de mes meilleures amies!

3. Claire: D'où _____ (venir / tenir) ces jolies fleurs?

   Anick: Mes parents me les ont offertes.

   Claire: Tu _____ (mentir / pouvoir)!

4. Catherine: Chaque jour je mets des stylos dans mon sac, et chaque jour ils

   _____ (sortir / disparaître)!

   Martine: _____ (partir / tenir)! Prends le mien.

B. **Politesse.** Exprimez-vous poliment dans les situations suivantes en employant le conditionnel des verbes *pouvoir* et *vouloir*.

1. Demandez à votre frère de vous passer les épinards. (pouvoir)

   _____

2. Dites à votre professeur que vous ne voulez pas passer l'examen aujourd'hui. (vouloir)

   _____

3. Demandez à la caissière (*cashier*) de vous donner de la monnaie (*change*). (pouvoir)

   _____

 Chapitre 1

STRUCTURE III

Pour exprimer le rapport entre deux actions: le participe présent

A. **Formules de réussite.** Terminez les phrases en choisissant le participe présent des verbes de la liste suivante.

lire / le journal   faire / de l'exercice
finir / la pizza   savoir / toutes les réponses
être / poli

1. On impressionne les professeurs _____

2. On impressionne les beaux–parents _____

3. _____, j'ai perdu 10 kilos.

4. C'est _____ que j'ai trouvé mon emploi.

5. Tout _____, il a insisté qu'il se sentait malade.

B. **A vous.** Complétez les phrases en disant ce qu'on fait ou ce qu'on ne fait pas en même temps.

1. Je fais mes devoirs _____

2. Le professeur ne corrige jamais les devoirs _____

3. Les enfants dorment _____

4. J'ai un ami qui chante _____

5. Il est plus agréable de faire la vaisselle _____

6. Je lis un magazine _____

C. Interview. Répondez aux questions suivantes par des phrases complètes.

1. Qu'est-ce que vous êtes en train de faire?

   _____

2. Écoutez-vous de la musique?

   _____

3. Est-ce que vous étudiez en écoutant de la musique d'habitude?

   _____

4. Comment est-ce que vous passez votre temps le week-end?

   _____

5. Comment avez-vous commencé votre journée aujourd'hui?

   _____

6. Comment allez-vous finir votre journée?

   _____

STRUCTURE IV

Pour exprimer la continuation d'une action: le temps présent + depuis

A. Que le temps passe vite! Mme Blanchard rencontre une amie d'enfance dans un café. Elle se met au courant (*catches up*) en lui posant des questions sur la famille et les voisins. Ecrivez les réponses de son amie, Mme Faure.

1. Depuis combien de temps est-ce que les jumelles vont au lycée? (2 ans)

   _____

 Chapitre 1

2. Depuis quand est-ce que Mme Chevalley est veuve? (5 ans)

_____

3. Depuis quand est-ce que ta cousine est divorcée? (six mois)

_____

4. Depuis combien de temps est-ce que les Silvestri ont des petits enfants? (3 ans)

_____

5. Depuis quand est-ce que l'aîné est fiancé? (Noël)

_____

6. Depuis combien de temps son ex-femme est-elle mariée? (6 mois)

_____

B. **Interview.** Gilles, un étudiant français, veut vous connaître mieux. Répondez à ses questions par des phrases complètes.

1. Depuis combien de temps est-ce que vous savez conduire (*to drive*)?

_____

2. Depuis combien de temps est-ce que vous pratiquez votre sport préféré?

_____

3. Depuis quand est-ce que vous faites vos études à cette université?

_____

4. Depuis combien de temps est-ce que vous parlez français?

_____

5. Depuis quand est-ce que vous habitez cette ville?

_____

6. Depuis combien de temps est-ce que vous connaissez votre meilleur/e ami/e?

_____

COMPOSITION: Les règles de la maison

SITUATION

Vous allez rédiger une lettre sur un repas typique chez vous dans laquelle vous expliquerez la conduite et les exigences des individus pendant qu'ils dînent.

PREPARATION

A. **Les initiés.** Avec quel groupe est-ce que vous dînez d'habitude pour les fêtes et les anniversaires? (ami/es, camarades de chambre, famille …)

_____

B. **Les convives.** Faites une liste des personnes de votre groupe (partie A). A côté de chaque nom, identifiez sa relation avec vous (beau-frère, soeur, ami , etc.); puis écrivez une chose qu'il/elle fait ou dit typiquement pendant le repas: reproches (*reprimands*), bêtises, etc.

Nom	Relation	Comportement/reproches
_____	_____	_____
_____	_____	_____
_____	_____	_____
_____	_____	_____

C. Pensez à deux ou trois adverbes ou phrases adverbiales qui qualifient une action habituelle.

>   **Exemple:**   *D'habitude,* mon petit frère chante pendant le repas.

>   _____   _____   _____

D. **Conseils.** Un ami français va dîner en famille avec vous et votre famille ou vos amis intimes. Il s'inquiète parce qu'il ne sait pas comment se comporter *(behave)* à table chez vous. Nommez deux choses qu'il devrait faire, et deux choses qu'il ne devrait pas faire. Employez l'impératif.

1. _____

2. _____

3. _____

4. _____

E. **Encouragements.** Ecrivez deux phrases pour rassurer votre ami qu'il n'a rien à craindre.

1. _____

2. _____

COMPOSEZ

Répondez aux soucis de votre ami français dans une lettre où vous décrirez un repas typique chez vous. Parlez de la personne la plus décontractée et la personne la plus exigeante de votre liste B. Rassurez-le, et donnez-lui de bons conseils. Servez-vous des idées des parties A-E pour bien composer votre lettre.

CHAPITRE 2

Passage vers la communication
Perspectives interculturelles

INTERACTION I: Vive la différence

AUTREMENT DIT

A. **En général.** Employez les expressions de quantité indiquées pour décrire les personnes et les choses à votre université: *les professeurs, les étudiants, les salles de classe, les livres, les restaurants*.

1. La plupart _____

_____

2. Bien _____

_____

3. Certains / certaines

_____

4. La grande majorité

_____

B. **Comparez.** Répondez aux questions suivantes avec des phrases complètes.

1. Qui mange plus de viande que vous?

_____

2. Qui mange moins de légumes que vous?

_____

3. Qui a plus de responsabilités que vous?

_____

4. Qui a plus de temps libre que vous?

_____

5. Qui a autant d'ennuis que vous?

_____

6. Qui a moins de patience que vous?

_____

GRAMMAIRE DE BASE

A. **Une liste de provisions.** Vous allez préparer un grand repas ce soir: une côte de veau à la crème, une salade verte et une mousse au chocolat. Mettez la forme correcte de l'article indéfini ou du partitif devant le nom de chaque ingrédient.

_____ œufs   250 grammes _____ champignons

500 grammes _____ sucre   _____ pommes

_____ veau   _____ beurre

_____ crème   _____ tomates

_____ huile d'olive   _____ poivre

_____ vinaigre   _____ sel

 Chapitre 2

B. **Après les courses.** Vous avez fait les courses et vous avez acheté les ingrédients nécessaires. Dites ce que vous avez acheté en mettant la forme correcte de l'article défini dans le tiret.

J'ai acheté _____ veau, _____ vinaigre, _____ huile d'olive, _____ poivre, _____ tomates, _____ beurre ... Zut! J'ai oublié _____ champignons!

C. **L'esprit de contradiction.** Répondez aux questions suivantes en utilisant l'expression entre parenthèses.

Modèle: Est-ce que vous allez souvent au restaurant? (ne ... jamais)
Vous: Je ne vais jamais au restaurant.

1. Est-ce que vous avez jamais goûté le couscous ou la tarte au citron? (ne ... ni ... ni)

_____

2. Est-ce qu'il y a beaucoup de monde au restaurant à 6h du soir? (ne ... personne)

_____

3. Est-ce qu'on sert des huîtres en mai? (ne ... plus)

_____

4. Qu'est-ce que vous avez commandé comme dessert? (ne ... rien)

_____

5. Est-ce que vous avez vu vos amis au restaurant? (ne ... personne)

_____

STRUCTURE I

Désigner et généraliser: l'emploi de l'article défini

A. **Un voyage gastronomique.** Complétez le paragraphe avec les articles appropriés (article défini, indéfini, ou partitif).

Si vous voyagez dans le Midi de la France, ne passez pas tout votre temps à vous reposer sur la plage!

Profitez des spécialités culinaires des régions du sud. A Nice, vous pouvez essayer (1) _____ fameuse salade niçoise qui est nommée pour sa ville d'origine. C'est (2) _____ salade somptueuse préparée avec (3) _____ œufs, (4) _____ anchois, (5) _____ pommes de terre, (6) _____ vinaigrette, et beaucoup (7) _____ thon. Si vous mangez sur le pouce (*eat on the run*), commandez plutôt (8) _____ pain bagnat(*m.*): c'est (9) _____ sandwich qui a les mêmes ingrédients. (10) _____ socca (*m.*) est une spécialité niçoise à ne pas manquer. Mais attention! Si vous n'aimez pas (11) _____ huile d'olive et (12) _____ pois chiches (*chick peas*), vous n'aimerez pas (13) _____ socca. A Nice on apprécie beaucoup (14) _____ cuisine italienne et nord-africaine. Prenez (15) _____ pizza ou (16) _____ couscous (*m.*) et vous ne serez pas déçu. En général, (17) _____ Français du Sud préfèrent (18) _____ vin rouge avec leurs repas. Il y a (19) _____ grand choix de vins à prix très bas ou très élevés. (20) _____ bon vin rouge va bien avec tous les plats.

Téléphonez avant de dîner au restaurant, car beaucoup de restaurants sont fermés (21) _____ lundi. Et n'arrivez pas trop tôt au restaurant. (22) _____ Français préfèrent dîner après huit heures.

B. **Interview.** Répondez par des phrases compètes.

1. Préférez-vous le café ou le thé?

   _____

2. Prenez-vous du café le matin?

   _____

3. A votre avis, est-ce que les Français aiment le café américain?

   _____

4. Est-ce qu'il vaut mieux que les adultes boivent du café décaféiné?

   _____

5. Y a-t-il de la caféine dans votre boisson préférée?

   _____

6. Est-ce que la caféine est bonne pour la santé?

_____

_____

STRUCTURE II

Nier et limiter: la double négation

A. **Il est timide.** Timothy, un étudiant américain à Nice, a du mal à s'habituer à la vie à l'étranger. Son amie Elise lui pose des questions. Ecrivez les réponses de Timothy en employant les expressions entre parenthèses.

1. Elise: Tu prends toujours des hamburgers? (ne ... que)

   Timothy:_____

2. Elise: Sais-tu si tu aimes le socca? (ne ... pas ... encore)

   Timothy:_____

3. Elise: Tu voyages avec des amis le week-end? (ne ... jamais ... personne)

   Timothy:_____

4. Elise: Est-ce que tu dînes toujours chez les Fauvel? (ne ... plus ... personne)

   Timothy:_____

5. Elise: Tu as visité le Musée Marc Chagall? (ne ... que)

   Timothy:_____

6. Elise: J'aime regarder les films américains, et toi? (ne ... que)

   Timothy:_____

7. Elise: Mais qu'est-ce que tu fais ici? (ne ... plus ... rien)

   Timothy:_____

8. Elise: Alors, tu veux rentrer aux Etats-Unis? (ne ... jamais)

   Timothy: Absolument pas! _____
              Je suis tout à fait content ici!

B. **Jamais plus!** Ecrivez cinq phrases au négatif en utilisant les éléments de chaque colonne.

je	prendre	ne ... pas encore
tu	manger	ne ... jamais ... personne
les enfants	faire	ne ... que
mon professeur	avoir	ne ... jamais ... rien
les étudiants	aller	ne ... jamais ... plus
	voir	ne ... plus ... rien
	parler	

1. _____

2. _____

3. _____

4. _____

5. _____

INTERACTION II: Mésententes cordiales

AUTREMENT DIT

A. **Contrastes.** Pensez à deux personnes que vous connaissez (des amis ou des personnes célèbres) et décrivez leur caractère et leur aspect physique. Servez-vous du vocabulaire de l'**Autrement dit.**

1. _____

2. _____

3. _____

4. _____

5. _____

6. _____

 Chapitre 2

B. **Stéréotypes.** Selon vous, comment est ...

1. la mère typique des années cinquante?

    _____

2. le père typique d'aujourd'hui?

    _____

3. le chanteur typique des années soixante?

    _____

4. la vedette typique des années quarante?

    _____

5. la vedette typique d'aujourd'hui?

    _____

GRAMMAIRE DE BASE

A. **Bien assortis.** Les personnes suivantes sont bien assorties. Remplissez le blanc par la forme correcte de l'adjectif entre parenthèses.

1. (beau) Ma sœur est _____ et son mari est _____. Ils sont tous les deux _____.

2. (mystérieux) Ma voisine est _____; elle et son mari sont tous les deux _____.

3. (gros) Moi, je suis mince, mais mes enfants sont tous _____.

4. (intelligent) J'ai une sœur jumelle qui est aussi _____ que moi!

5. (bon) Notre caractère est _____ et nos actions sont _____ aussi.

B. **Mon patron.** Complétez le paragraphe suivant en mettant la forme correcte de l'adjectif devant ou après le substantif, selon le cas.

1. J'ai un patron (incompétent, vieux) qui fait toutes sortes de bêtises.

   _____

2. Hier, par exemple, il a interviewé une femme (joli, jeune, blond) pour un poste vacant.

   _____

3. Il a posé beaucoup de questions (ridicule).

   _____

4. Il était évident qu'il s'intéressait plutôt à ses traits physiques qu'à ses qualités (intellectuel).

   _____

5. Finalement, il lui a dit: «Je vois que vous êtes d'une intelligence (grand) et d'une beauté (exceptionnel). Je vous embauche.»

   _____

6. Et elle a répondu: «Et vous, Monsieur, vous êtes d'une intelligence (négligeable) et vous avez un caractère (mauvais). Au revoir!»

   _____

STRUCTURE III

Pour décrire: la forme des adjectifs

A. **Au café.** Complétez les bouts de conversation entendus dans un café plein de monde.

1. Jeune femme: Monsieur, on a trouvé une boucle d'oreille?

   Caissier: Une <u>petite</u> boucle d'oreille <u>noire</u>?

   Jeune femme: Ah, non. J'ai perdu une _____ boucle d'oreille

   _____ .

    Chapitre 2

2. Etudiant: C'est la <u>première</u> fois que tu déjeunes ici?

   Son ami: En fait, c'est la _____ fois! Il y trop de monde et le service n'est
                pas terrible (not great).

3. Artiste: C'est une exposition <u>privée</u>?

   Son ami: Mais pas du tout. C'est une exposition _____ .

4. Une fille: Je peux acheter les chaussures <u>bleu foncé</u>?

   Sa mère: Franchement, je préfère les chaussures _____ pour l'été.

5. Jeune femme: Les parents de ton fiancé sont <u>naturels,</u> non?

   Son amie: Pas du tout. Ils sont plutôt _____ .

6. Jeune homme: Ecoute ta sœur! Elle est <u>maligne.</u>

   Son ami: Mais tu te trompes! Elle est très _____ .

B. Interview. Répondez par des phrases complètes.

1. Est-ce que vous avez jamais eu des camarades de chambre cochon?

   _____

2. Préférez-vous les jeans bleu foncé ou bleu clair?

   _____

3. Comment s'appelle le dernier film que vous avez vu?

   _____

4. Comment s'appelle le premier livre que vous avez jamais lu?

   _____

5. Comment étiez-vous la première fois que vous êtes allé/e à l'école?

   _____

Chapitre 2   25

STRUCTURE IV

Pour décrire: la forme et la position des adjectifs [suite]

A. Descriptions. Ajoutez l'adjectif indiqué pour élaborer l'histoire suivante. Faites attention à la forme et à la position de l'adjectif.

1. Monsieur Piche n'a pas beaucoup d'argent.

   (homme / pauvre)   C'est un _____.

2. Il n'a pas d'amis non plus!

   (homme / pauvre)   Le _____!

3. Il est veuf depuis un an.

   (homme / seul)   C'est un _____.

4. Un jour, il reçoit un coup de fil d'une amie de lycée.

   (ami / ancien)   C'est une _____.

5. Elle veut lui rendre visite.

   (train / prochain)   Elle va prendre le _____.

6. M. Piche fait la lessive.

   (chemise / propre)   Il a besoin d'une _____.

7. Puis il cherche sa recette préférée.

   (chose / même)   Il prépare toujours la _____.

     Chapitre 2

8. Il fait attention cette fois-ci.

   (semaine / dernier) Il a brûlé une omelette _____.

9. M. Piche et son amie dînent avec appétit.

   (succès / grand)   Le repas est un _____.

10. Après le dîner, ils parlent de leurs souvenirs de lycée, et M. Piche dit:

    (ami / cher)   Ma _____, on devrait se voir plus souvent!

B. **Autoportrait.** Décrivez-vous et votre vie en formulant des phrases avec les éléments donnés et des adjectifs du Chapitre 2.

1. (je / être) _____

2. (je / avoir / cheveux) _____

3. (je / avoir / yeux) _____

4. (je / habiter / ville) _____

5. (ma classe de français / être / bâtiment)

   _____

6. (mon appartement ou ma chambre / être)

   _____

7. (mes amis / être) _____

8. (je / ne ... pas aimer / les personnes {f.})

   _____

COMPOSITION: L'art imite la vie

SITUATION

Le célèbre cinéaste français Eric Rohmer tourne un film sur l'histoire de votre vie. Il vous demande de choisir l'acteur ou l'actrice qui va jouer le rôle d'une des personnes que vous connaissez bien: un ami ou une sœur, par exemple. D'abord, il faut choisir la personne qu'il va représenter.

PREPARATION

A. **Le sujet.** Décrivez la personne à laquelle vous pensez.

1. Comment s'appelle cette personne?

   _____

2. Il / elle est de quelle nationalité?

   _____

3. Qu'est-ce qu'il / elle fait?

   _____

B. **Description physique.** Comment est-il / elle physiquement?

1. _____

2. _____

3. _____

4. _____

5. _____

 Chapitre 2

C. **Caractère.** Ecrivez cinq phrases sur le caractère de cette personne.

1. _____

2. _____

3. _____

4. _____

5. _____

COMPOSEZ

L'histoire de ma vie. Maintenant, écrivez une lettre à Eric Rohmer dans laquelle vous annoncez le nom de l'acteur ou l'actrice que vous avez choisi. Justifiez votre sélection en décrivant la personne réelle (voir exercices A-C) et l'acteur ou l'actrice choisi/e. Un petit conseil: c'est une composition, alors évitez les listes de phrases qui se répètent.

CHAPITRE 3

Accès à la formation de l'esprit
L'enseignement

INTERACTION I: Le fameux bac

AUTREMENT DIT

A. **A la fac.** Imaginez une conversation entre vous et un /e étudiant/e que vous avez rencontré/e dans la classe de français. Complétez le dialogue en employant une variété d'expressions de l'**Autrement dit.**

1. Moi: _____ ?

2. _____: Je me spécialise en _____. Et toi?

3. Moi: _____ .

4. _____: _____ ?

5. Moi: Je suis un cours de _____, un cours _____, et _____.

6. _____: _____ ?

7. Moi: Je suis en _____ année.

8. _____: _____ ?

9. Moi: Je pense que je vais recevoir mon diplôme _____. Et toi aussi?

10: _____: _____ .

11. Moi: Tiens! Quand est-ce qu'on passe le prochain examen de français?

_____ .

12. _____ :   C'est _____ .

13. Moi: Et quelle date sommes-nous?

14. _____ :   _____ .

15. Moi: C'est un examen important. Je dois _____ ce soir!

16. _____ :   Tu réussis d'habitude en français?

17. Moi: _____ .

18. _____ :   Qu'est-ce qu'il faut faire pour obtenir de bonnes notes en français?

19. Moi: Il faut _____ , _____ , et

_____ .

20. _____ :   Tu as raison. Écoute, j'ai rendez-vous. Je me sauve. Dis! On sèche le cours demain pour continuer cette conversation?

21. Moi: _____ !

GRAMMAIRE DE BASE

A. **Le courrier** (*the mail*). Complétez les phrases avec la forme correcte de *lire, écrire,* ou *recevoir*.

1. Je ne _____ pas beaucoup de courrier.

2. Vous en _____ probablement beaucoup plus que moi.

3. Mes parents n'habitent pas loin d'ici, donc ils ne me _____ pas souvent.

           Chapitre 3

4. Parfois, après que le facteur arrive avec le courrier pour tout l'immeuble, je _____ les adresses des expéditeurs marquées sur les paquets livrés aux voisins.

5. Ah, non! Je ne me mêle pas de leurs affaires! Je suis curieux, c'est tout. Et mes voisins me montrent volontiers tout le courrier qu'ils _____.

6. Quand vous _____ vos cartes et vos lettres, pensez à moi qui n'ai rien.

7. Et _____-moi si vous avez le temps!

B. **La sauce au soja.** Complétez les phrases par la forme correcte du verbe *mettre*.

1. Quand mon ami Robert achète de la sauce au soja, il la _____ directement dans le frigo. C'est fou! Elle ne s'abîme (spoil) pas!

2. Mes amis Marc et Marie-Lyne la _____ sur la table, entre le sel et le poivre.

3. C'est très pratique, parce que quand je dîne chez eux, nous en _____ sur tout ce que nous mangeons.

4. Et vous? J'imagine que vous la _____ dans un placard avec des épices. J'ai raison, n'est-ce pas?

C. **Il ne faut pas sécher le cours!** Voici ce que les étudiants ont fait au lieu d'aller en classe hier. Mettez les verbes entre parenthèses au **passé composé**.

1. Valérie _____ (rester) à la maison où elle _____ (écouter) ses nouveaux disques compacts.

2. Nathalie _____ (lire) le journal; puis elle _____ (faire) du jogging.

3. Françoise _____ (aller) au centre commercial avec Marie et Paule. Elle _____ (acheter) pas mal de choses.

4. Mes amis _____(venir) me voir et nous _____ (sortir).

5. Nous _____ (vouloir) rentrer avant que le cours ne commence, mais nous _____ (prendre) le bus, qui _____ (arriver) trop tard.

D. **Le babysitting.** Vous avez fait du babysitting pour des amis. Quand ils rentrent à la maison, ils vous posent beaucoup de questions. Donnez vos réponses, qui seront toujours **au négatif.**

1. Qu'est-ce qui s'est passé quand nous étions au cinéma? (ne ... rien)

   _____

2. Qui a téléphoné? (ne ... personne)

   _____

3. A qui as-tu téléphoné? (ne ... personne)

   _____

4. Qu'est-ce que tu as mangé? (ne ... rien)

   _____

5. Les enfants, ont-ils joué avec leurs poupées et leurs cubes? (ne ... ni ... ni)

   _____

6. Les enfants, sont-ils déjà allés au lit? (ne ... pas encore)

   _____

STRUCTURE I

Pour narrer au passé: l'emploi du passé composé

A. **Il n'y a pas longtemps ...** Employez le **passé composé** et **il y a** pour dire quand vous avez fait les choses suivantes:

1. (commencer vos études) _____

   _____

 Chapitre 3

2. (rendre un devoir) _____

    _____

3. (écrire un mémoire) _____

    _____

4. (sécher un cours) _____

    _____

5. (aller à une conférence) _____

    _____

6. (recevoir une bonne note) _____

    _____

7. (assister à un cours ennuyeux) _____

    _____

B. **Une journée atroce.** Ecrivez une histoire au passé avec les éléments donnés. Faites attention au choix de l'auxiliare et aux accords.

1. Il y a une semaine, Elise _____ (passer) une journée atroce.

2. Regardez ce qui lui _____ (arriver).

3. D'abord, elle _____ (sortir) son chien, Teddy.

4. Il _____ (voir) un chat et il _____(monter) la rue à toute vitesse pour l'attraper.

5. Elise _____ (sortir) de la maison en criant, «Teddy! Teddy! Arrête!»

6. Les voisins _____ (entendre) tout ce bruit et _____ (descendre) très fâchés.

7. «Tout ce bruit _____ (réveiller) nos enfants!» ont-ils dit. «Maintenant, c'est toi qui vas leur donner à manger!»

8. Elise _____ (monter) l'escalier jusqu'au premier étage où les deux enfants attendaient leur petit déjeuner.

9. Pendant que les enfants mettaient leurs toasts dans leur lait, Teddy _____ (rentrer) avec son nouveau ami siamois, Minou.

10. A la vue de ces animaux dans la cuisine, les enfants _____ (courir) directement dans la chambre des parents pour les réveiller de nouveau.

STRUCTURE II

Pour narrer au passé: le plus-que-parfait

A. **Les causes et les conséquences.** Expliquez comment les événements de l'exercice précédant ont pu se passer. Employez le **plus-que-parfait** pour parler <u>des événéments</u> qui ont précipité les événements ou les situations données.

> **Modèle:** Teddy et Minou sont entrés dans la cuisine parce qu'<u>Élise n'avait pas fermé la porte.</u>

1. Avant de sortir le chien, Elise _____

   _____

2. Elise n'a pas suivi Teddy parce qu'elle _____

   _____

3. Les voisins sont descendus parce que _____

   _____

4. Quand les voisins ont vu Elise, le chien _____

   _____

 Chapitre 3

5. Les voisins étaient fatigués parce qu'ils _____

_____

6. Les enfants ont couru dans la chambre de leurs parents parce qu'ils _____

_____

B. **Excuses.** Donnez les excuses des personnes suivantes en employant **le passé composé** ou le **plus-que-parfait** des verbes donnés. Attention aux accords.

1. Martin _____ (ne ... pas / faire) ses devoirs ce week-end parce qu'il les _____ (déjà ... faire) jeudi.

2. Je _____ (ne ... pas / regarder) leurs photos d'Europe parce que je les _____ (déja ... voir) mille fois.

3. Anne _____ (ne ... pas / téléphoner) à ses parents ce week-end parce qu'elle leur _____ (téléphoner) la semaine dernière.

4. Je _____ (ne ... pas / offrir) de faire la vaisselle parce que je _____ (passer) tout l'après-midi à faire le ménage.

5. Elise _____ (ne ... pas / reconnaître) Gilles parce qu'elle _____ (ne ... pas / le voir) avant.

6. Vous _____ (ne ... pas / être) reçu lundi matin parce que vous _____ (ne ... pas / bosser) la veille.

7. Elle _____ (ne ... pas / descendre) répondre au téléphone parce qu'elle _____ (déjà ... descendre) trois fois ce matin-là.

INTERACTION II: Ah, les beaux jours ...

AUTREMENT DIT

A. **Réagissez!** Qu'est-ce que vous diriez dans les situations suivantes? Choisissez six expressions différentes de l'**Autrement dit**.

1. La personne à côté de vous a regardé votre copie pendant un examen. Vous lui dites:

_____

2. Vous vous battez depuis une demi-heure avec la paperasserie pour vous inscrire, et on vous donne encore trois formulaires à remplir. Vous vous dites:

   _____

3. Votre ami a perdu le mémoire qu'il venait d'écrire. Vous lui dites:

   _____

4. Un étudiant qui arrive en cours en retard habituellement entre dans la classe et interrrompt la conférence. Vous dites à la personne à côté de vous:

   _____

5. Votre professeur découvre que vous n'êtes pas inscrit/e dans le cours de français que vous suivez depuis des semaines. Vous dites au professeur:

   _____

6. Il faut absolument téléphoner à l'administration avant 5 heures pour confirmer votre inscription. La personne dans la cabine téléphonique (*phone booth*) cherche lentement un numéro de téléphone. Vous lui dites:

   _____

GRAMMAIRE DE BASE

A. **Un jeu de verbes.** Remplissez les blancs par la forme correcte d'un des verbes suivants: *croire*, *devoir*, *savoir* ou *suivre*. Le temps du verbe à utiliser est entre parenthèses.

1. Est-ce que tu _____ (présent) jouer du piano?

2. Pas vraiment. Je _____ (passé composé) prendre des leçons quand j'étais petite, mais j'ai tout oublié.

3. La musique, ça ne m'intéresse plus. Je _____ (présent) des cours de sciences et ça me plaît beaucoup.

4. Tu ne _____ pas (présent) qu'on puisse apprécier les deux, la musique et les sciences?

5. Si! Mais c'est une question de temps. Je _____ (présent) bosser constamment, donc je ne peux plus cultiver d'autres intérêts!

6. Ça, je comprends bien. Au fait, nous _____ (présent) nous dépêcher. Au boulot!

 Chapitre 3

B. **La poursuite triviale.** Paule a répondu correctement à toutes les questions! Complétez ses questions en mettant la forme correcte de *quel* .

1. _____ est le pays qui possède le plus grand nombre de centrales nucléaires?

2. _____ est la langue la plus parlée du monde?

3. _____ sont les titres des deux premiers films que Hitchcock a tournés?

4. _____ acteurs ont joué le rôle de Hamlet dans des films?

5. _____ vedette de Hollywood a aussi été maire d'une ville en Californie?

6. _____ langues est-ce que Jean Seberg a parlées dans le film français A *bout de souffle.*

STRUCTURE III

Pour lier les éléments de la phrase: verbe + infinitif

A. **Pourquoi tout remettre au lendemain?** Remplissez le blanc avec la préposition qui convient. S'il n'y a pas de prépostion, mettez un Ø.

Didier n'aime pas trop (1) _____ écrire les mémoires. Il hésite (2) _____ faire ses recherches, et il préfère (3) _____ taper à la machine à la dernière minute possible. Il pense que les étudiants qui réussissent (4) _____ écrire de bons mémoires le font vite et sans difficultés, ce qui est faux bien sûr!

La semaine dernière Didier a décidé (5) _____ faire son mémoire pour le cours d'anglais. Il avait l'intention (6) _____ commencer très tôt le matin, mais voici ce qui s'est passé. D'abord, il est allé à la papeterie parce qu'il avait oublié (7) _____ acheter du papier le jour avant. Dix minutes plus tard il fallait (8) _____ retourner à la papeterie parce qu'il n'avait plus d'encre pour son stylo. «La prochaine fois je dois (9) _____ faire une liste,» s'est-il dit. Une fois à la maison, il avait peur (10) _____ perdre son temps, alors il a choisi (11) _____ ne pas faire de brouillon (*rough draft*). A treize heures il est allé (12) _____ prendre un café pour se réveiller et il a vu des amis qui l'ont invité (13) _____ jouer au foot avec eux. Après le match, Didier avait très envie (14) _____ manger, donc il a fait (15) _____ cuire (*to cook*) un œuf en regardant le journal. Le lendemain, il est arrivé en cours en retard et il a dit au professeur, « Je regrette (16) _____ ne pas avoir fini mon mémoire. J'ai essayé (17) _____ le faire mais malheureusement je n'avais pas assez de temps.»

B. **Interview.** Répondez par des phrases complètes.

1. Qu'est-ce que vous hésitez à faire?

   _____

2. Qu'est-ce que vous refusez de faire pour vos amis?

   _____

3. Qu'est-ce qu'ils refusent de faire pour vous?

   _____

4. Qu'est-ce que vous oubliez souvent de faire?

   _____

5. Qu'est-ce que vous détestez faire?

   _____

6. Qu'est-ce que vous avez besoin de faire ce week-end?

   _____

STRUCTURE IV

Pour poser une question: le pronom interrogatif lequel

A. **Dialogues.** Remplissez les blancs avec la forme correcte du pronom interrogatif *lequel*.

1. Anne: Tu as fini tes devoirs?

   Marc: _____?

   Anne: Les devoirs pour le cours de français!

 Chapitre 3

2. Marc: Je déteste cette salle de classe.

   Marie-Lyne: _____ ?

   Marc: L'ancienne qui n'avait pas de fenêtres.

3. Elise: Tu as vu des formulaires dans la cuisine?

   Caroline: _____ ?

   Elise: Les formulaires que j'ai laissés sur la table en rentrant.

4. Camille: Tu as vu mes photos?

   Stéphane: _____ ?

   Camille: Celles de ma petite nièce?

   Stéphane: Oui, oui, je les ai vues.

B. **Votre ville.** On vous pose des questions sur les restaurants de votre ville. Répondez par des phrases complètes.

1. Quels sont les meilleurs restaurants de votre ville?

   _____

2. Quel restaurant a le service le plus rapide?

   _____

3. Quelle sorte de cuisine préférez-vous?

   _____

4. Quel est le restaurant le plus fréquenté de votre quartier?

   _____

COMPOSITION: Une question de processus

SITUATION

On vous a demandé d'écrire un essai humoristique pour le journal de votre université. Le sujet: Comment écrire un mémoire sans peine.

PREPARATION

A. **Profil d'un écrivain.** Chaque étudiant a sa méthode préférée pour réussir à rédiger un travail écrit. Répondez aux questions suivantes pour analyser votre interaction avec la page blanche.

1. En général, aimez-vous écrire les mémoires et les devoirs écrits?

   _____

2. Etes-vous calme ou anxieux (anxieuse) avant d'écrire?

   _____

3. Où est-ce que vous préférez écrire?

   _____

4. Préférez-vous écrire le matin, l'après-midi ou le soir?

   _____

5. Comment est-ce que vous vous préparez? Faut-il acheter des stylos, des boissons, des snacks spéciaux?

   _____

6. Vous servez-vous d'un ordinateur ou d'une machine à écrire?

   _____

7. Est-ce que vous écrivez en faisant autre chose? (en écoutant de la musique, par exemple?)

   _____

8. Pensez à un mémoire ou à un devoir que vous avez écrit récemment. Quand avez-vous écrit ce devoir et pour quel cours?

   _____

9. Avez-vous commencé à écrire à la dernière minute, ou avez-vous bien organisé votre temps?

   _____

B. **Conseils.** Complétez les phrases suivantes, tout en tenant compte de vos propres expériences.

1. La dernière fois que j'ai écrit un mémoire, j'ai commencé par _____

   _____

   et j'ai fini par_____.

2. C'est en _____ que l'on réussit à bien écrire.

3. Voici mes trois conseils aux futurs écrivains (impératif):

   _____, _____, et

   _____.

COMPOSEZ

Formules de réussite. Maintenant, écrivez votre essai. Divisez votre article en trois paragraphes:

1) Introduction: des généralisations sur le processus (voir B.2);

2) L'exemple: décrivez ce que vous avez fait la dernière fois que vous avez écrit un mémoire. (passé composé);

3) Conclusion: résumez votre formule de réussite en donnant des conseils concis et précis.

Basez votre composition sur les parties A et B. Comme il s'agit d'un devoir *humoristique*, n'ayez pas peur d'exagérer pour amuser vos lecteurs.

CHAPITRE 4

Perspectives sur l'exil
L'immigration et l'assimilation

INTERACTION I: Où va la France?

AUTREMENT DIT

A. **Raison ou tort?** Réagissez aux phrases suivantes en employant des expressions de l'**Autrement dit.**

1. L'immigration n'est pas un problème aux Etats-Unis.

   _____

2. Il n'y a pas de racisme en France.

   _____

3. Il n'y a plus de racisme aux Etats-Unis.

   _____

4. Il y a un parti communiste aux Etats-Unis.

   _____

5. Le parti socialiste n'est pas très important en France.

   _____

B. **Et vous?** Répondez aux questions suivantes avec des phrases complètes.

1. A votre avis, quels sont les trois problèmes sociaux les plus graves aux Etats-Unis en ce moment?

_____

_____

_____

2. Quel est le problème le plus grave de votre ville?

_____

_____

3. Y a-t-il un seul problème à la base de tous les autres?

_____

_____

4. Est-ce qu'on doit lutter contre la pollution?

_____

5. Y a-t-il un problème social aux Etats-Unis qui est moins grave en ce moment en France, ou vice versa?

_____

GRAMMAIRE DE BASE

A. **Conseils.** Un père donne des conseils à son fils, David, qui va commencer ses études à l'université. Complétez les phrases en mettant *à*, *de*, *sur*, *avec*, ou Ø s'il ne faut rien écrire.

1. Téléphone-nous si tu as besoin _____ argent.

 Chapitre 4

2. Tu peux compter _____ nous.

3. Cherche _____ tes livres avant le premier jour des cours.

4. Ecoute _____ tes professeurs!

5. Rends _____ tes devoirs _____ tes professeurs.

6. Ne dis pas _____ ton frère que nous t'avons prêté la voiture.

7. Je sais que tu es amoureux _____ ta copine Marie.

8. Mais je t'en prie! Ne te marie pas _____ elle avant que tu ne finisses tes études!

B. **Henri ne va pas bien.** Henri est tombé malade et il téléphone à ses parents qui lui posent beaucoup de questions. Donnez les réponses d'Henri en employant un pronom complément d'objet direct ou indirect.

1. Est-ce que le docteur t'a donné une ordonnance (*a prescription*)?

   Oui, _____

2. Est-ce que tu as posé des questions au médecin?

   Non, _____

3. Est-ce que tu as pris tes pillules (f.)?

   Oui, _____

4. Est-ce que tu vas téléphoner à tous tes amis pendant que tu restes au lit?

   Non, _____

C. **Vous me manquez!** Henri écrit à ses parents. Complétez ces phrases de sa lettre avec: *qui, que/qu', ce qui,* ou *ce que/ce qu'*.

1. Vous m'avez demandé _____ se passe, et _____ je fais en ce moment. J'essaierais de vous répondre.

2. Je suis encore en pleine forme. J'ai pris tous les médicaments _____ le médecin a prescrits et ça va mieux.

3. Dis «bonjour» à Anne de ma part, et dis-lui que j'ai beaucoup apprécié la carte _____ elle m'a envoyée quand j'étais malade. Elle grandit si vite!

4. Quant aux études, _____ est difficile, c'est de me rattraper après mon absence.

5. J'ai lu les textes, mais je ne sais pas _____ est important parce que j'ai manqué toutes les conférences.

6. Heureusement, je serai bientôt en vacances et je pourrai faire tout _____ je n'ai pas fait pendant que j'avais la grippe!

STRUCTURE I

Pour faire référence à un élément du discours déjà mentionné: y, en *et les pronoms disjoints après les prépositions*

A. **Un voyage à ne pas oublier.** Ecrivez les réponses aux questions suivantes en employant le pronom nécessaire.

1. Tu es allé en <u>France</u> cet été?

   Oui, _____

2. Tu as voyagé avec tes <u>amis</u>?

   Non, _____

3. Alors, tu as voyagé avec ta <u>copine</u>?

   Oui, _____

4. Vous aviez peur des <u>agresseurs</u> dans les grandes villes?

   Oui, parfois _____

5. Vous êtes allé en <u>Algérie</u> aussi?

   C'est vrai, _____

 Chapitre 4

6. Est-ce que tu avais besoin d'un <u>dictionnaire</u> en voyageant?

   Non, _____

7. Tu as obéi aux <u>lois des pays que tu as visités</u>?

   Oui, _____

8. Tu as envoyé des cartes postales <u>à tous tes amis</u>?

   Eh, oui, _____

9. Et tu n'as pas pensé à <u>moi</u>?

   Mais si, _____ constamment. C'est pour ça que je ne t'ai pas écrit.

STRUCTURE II

Pour faire référence à un élément du discours déjà mentionné: les pronoms relatifs après les prépositions

A. **Les gauchers et les droitiers.** Remplissez le blanc par la forme correcte du pronom relatif.

1. Le mot *gaucher* fait référence à la main _____ vous vous servez pour écrire et manger.

2. Il ne faut pas confondre le mot *gaucher* avec *gauchiste*, _____ veut dire partisan d'un mouvement politique de gauche.

3. L'art et le sport, ce sont des domaines _____ les gauchers sont peut-être favorisés.

4. Léonard de Vinci, _____ vous avez certainement entendu parlé, était gaucher ainsi que Jeanne d'Arc, Charlemagne et Napoléon.

5. _____ est bizarre, c'est que relativement peu d'individus utilisent plus volontiers leur main gauche.

6. _____ les gauchers trouvent difficile, c'est de s'adapter continuellement aux objets et aux outils conçus pour les droitiers: ciseaux, ouvre-boîtes, etc.

Chapitre 4 49

7. Les gauchers _____ on a parlé dans une interview récente étaient souvent frustrés au volant et au travail.

8. Pourtant, selon _____ les scientifiques disent, il semble que les gauchers aient des capacités intellectuelles extraordinaires.

9. Tracez un cercle de la main droite, puis de la main gauche, et indiquez la direction vers _____ vous avez orienté vos tracés. Les droitiers tracent généralement les deux cercles dans le sens inverse des aiguilles d'une montre. Etes-vous ambidextre?

B. **A vous.** Parlez de votre ville universitaire en complétant les phrases suivantes.

1. La ville où _____

2. L'endroit que _____

3. Il y a des étudiants qui _____

4. Ce dont ils ont besoin _____

5. Je ne sais pas ce que _____

6. Mais je sais bien ce dont _____

7. J'ai un ami avec qui _____

8. J'ai une amie sans laquelle _____

INTERACTION II:
Les immigrés quelques générations plus tard

AUTREMENT DIT

A. **Interview.** Répondez aux questions suivantes en vous servant des expressions de l'**Autrement dit.**

1. Où habitez-vous pendant l'année scolaire?

_____

2. Quelles sont les qualités positives de votre logement?

   _____

3. Et les qualités négatives?

   _____

4. Souvenez-vous de l'appartement ou de la maison que vous habitiez quand vous aviez dix ans?

   _____

5. Rappelez-vous votre premier jour de cours à l'université? Comment était-il?

   _____

GRAMMAIRE DE BASE

A. **Excuses.** Aucun des amis d'Henri ne pouvait l'aider à déménager (*to move*) hier. Mettez les verbes entre parenthèses à l'imparfait pour exprimer ce que tout le monde faisait pendant qu'Henri déménageait.

1. Moi, je _____ (être) fatigué/e, et je _____ (avoir) mal à la tête. Je _____(essayer) de dormir.

2. Les Blanchard _____ (manger) chez les Bordier.

3. Nous _____ (nager) et _____ (jouer) au volley à la plage.

4. Robert _____ (faire) les courses.

5. François _____ (aller) au centre commercial avec Marie.

6. Marie _____ (acheter) de nouvelles chaussures pour la fête de Paule.

7. Paule _____ (nettoyer) son appartement.

B. Possessions. Paule a organisé une soirée chez elle samedi, et dimanche matin elle trouve tout ce que ses invités ont laissé dans son appartement. Complétez les phrases avec la forme correcte du pronom possessif.

1. Didier et Philippe ont laissé _____ cassettes (f.).

2. Anne a laissé _____ blouson (m.).

3. Robert a laissé _____ veste (f.).

4. Marie-Noël et Roland ont laissé _____ chien!

5. Isabelle a laissé _____ lunettes de soleil.

6. David et moi, nous avons laissé _____ livres et _____ parapluie.

7. Et moi, j'ai laissé _____ clés.

STRUCTURE III

Pour décrire au passé: l'imparfait

A. Les temps ont changé. Comparez les goûts des étudiants d'aujourd'hui et d'il y a 20-30 ans.

1. Autrefois on _____ (apprécier) la musique _____.
   Aujourd'hui on préfère _____.

2. Autrefois, les jeunes femmes _____ (porter) des _____.
   Maintenant les _____ sont à la mode.

3. Il y a 30 ans , l'homme idéal _____ (avoir) les cheveux _____
   et _____. Les hommes d'aujourd'hui ont les cheveux _____
   et _____.

4. Autrefois, quand les jeunes _____ (sortir), ils _____ (aller) à
   _____ ou à _____. Maintenant ils vont à
   _____.

5. A l'université, les résidences _____ (être) _____, tandis
   qu'aujourd'hui elles sont _____.

 Chapitre 4

B. **L'enfance.** Vous rappelez-vous votre enfance? Répondez aux questions suivantes par des phrases complètes.

1. Qu'est-ce que vous refusiez de manger quand vous étiez petit/e?

    _____

2. Quels livres est-ce que vous aimiez?

    _____

3. De quoi aviez-vous peur?

    _____

4. Quels disques écoutiez-vous?

    _____

5. Quels disques les adultes que vous connaissiez écoutaient-ils?

    _____

6. Aimiez-vous les chiens ou les chats?

    _____

STRUCTURE IV

Pour exprimer la possession: les adjectifs possessifs

A. **Des emprunts.** Remplacez le mot souligné par un pronom possessif.

1. Tu peux me prêter ton stylo? J'ai perdu _____ (mon stylo).

2. Je ne sais pas si je vais prendre ma voiture ou celle de mes parents._____ (la voiture de mes parents) est plus impressionante mais _____ (ma voiture) est plus facile à conduire.

3. Quel est le secret de tes tartes aux fraises? _____ (mes tartes aux fraises) sont lourdes et trop sucrées, tandis que _____ (tes tartes aux fraises) sont fraîches et légères.

4. Vous pensez que votre fille au pair pourrait s'occuper de nos enfants samedi soir? _____ (votre fille au pair) est si responsable, et _____ (notre fille au pair) est rentrée aux Etats-Unis.

5. Je préfère mon chat à celle de mon amie. _____ (le chat de mon amie) est méchant et paresseux tandis que mon Minou est absolument parfait.

COMPOSITION: Je me souviens de ...

SITUATION

Vous allez écrire une description d'une personne que vous aimez beaucoup mais que vous n'avez pas vue depuis longtemps.

PREPARATION

A. **Pour vous rafraîchir la mémoire.** Pensez à une telle personne, complétez les phrases et répondez aux questions suivantes.

1. Je n'ai pas vu _____ (*nom de la personne*) depuis _____

2. Je le/la voyais souvent quand j'avais _____ ans.

3. Quel âge avait-il/elle? _____

4. Comment était–il/elle physiquement?

   _____

5. Décrivez un peu son caractère:

   _____

 Chapitre 4

6. Qu'est-ce que vous faisiez ensemble quand il faisait beau? Quand il faisait mauvais?

_____

_____

7. De quoi parliez-vous quand vous étiez ensemble ?

_____

8. Est-ce que vous vous souvenez bien de cette personne?

_____

B. **Un plan.** Vous allez écrire une description de trois paragraphes sur cette personne et sur ce que vous faisiez avec lui/elle. Décidez dans quel paragraphe vous mettrez les informations suivantes:

■ description de la personne;

■ depuis combien de temps je ne l'ai pas vu/e;

■ si je me souviens bien de cette personne ou non;

■ ce dont nous parlions;

■ ce que nous aimions faire;

■ pourquoi mes souvenirs de cette personne sont importants;

■ d'où je connaissais cette personne.

Paragraphe I:

_____

_____

_____

_____

Paragraphe II:

_____

_____

_____

_____

Paragraphe III:

_____

_____

_____

_____

COMPOSEZ

Je me souviens de ... Maintenant, écrivez votre composition. Concentrez-vous sur les descriptions et sur les actions habituelles.

CHAPITRE 5

Révélations audiovisuelles
Les médias et les valeurs

INTERACTION I: Un choix difficile

AUTREMENT DIT

A. **Les films.** Répondez aux questions avec des phrases complètes.

1. Allez-vous souvent au cinéma ou préférez-vous regarder les films chez vous?

   _____

2. Quel est le dernier film que vous avez vu au théâtre?

   _____

3. C'était quel genre de film?

   _____

4. Vous êtes allé/e à quelle séance?

   _____

5. Vous avez payé combien la place?

   _____

6. Est-ce que le film était interdit au moins de 18 ans?

   _____

7. C'était un film étranger?

_____

8. Préférez-vous les films étrangers en v.o. ou doublé?

_____

GRAMMAIRE DE BASE

A. **La fête de Paule.** Complétez les phrases avec la forme verbale donnée entre parenthèses du verbe approprié. Choisissez parmi les verbes de la liste suivante: *soutenir, ouvrir, permettre, promettre, tenir, maintenir.*

1. Au moment où Paule _____ (passé composé) la porte, je savais que tout le monde s'amusait.

2. Je _____ (présent) que la musique était trop forte, mais elle était bien, quand même.

3. Paule, qui _____ (présent) son appartement très propre d'habitude, a dû passer la journée suivante à nettoyer.

4. J(e) _____ (passé composé) de l'aider la prochaine fois.

5. Mais moi, je me _____ (présent) de sortir si rarement que j'étais trop fatigué pour l'aider ce soir-là.

B. **Expressions temporelles.** Choisissez l'expression appropriée pour compléter chaque phrase.

1. _____, je passe le week-end à étudier. (D'habitude / Tout de suite après)

2. Mais _____, j'ai décidé de faire quelque chose d'amusant. (la semaine dernière / tout le temps)

3. _____, j'ai téléphoné à mon amie, Elise. Elle travaillait. (En même temps / Alors)

4. _____, j'ai essayé de contacter mes amis Sarah et Thierry. Pas de chance. (Fréquemment / Ensuite)

5. _____, je suis passé voir ma mère, qui n'était pas là. (Enfin / Hier)

 Chapitre 5

6. _____, je me suis décidé d'étudier après tout. (A la fin / Toujours)

STRUCTURE I

Pour narrer au passé: l'imparfait [suite]

A. **Interruptions.** Récrivez les phrases au passé composé et à l'imparfait en ajoutant le mot *quand*.

Modèle: Je fais le lit. Le facteur arrive avec un paquet.
Je faisais le lit quand le facteur est arrivé avec un paquet.

1. Nous allons au supermarché. Il commence à pleuvoir.

   _____

2. Je cherche mon argent. Mon fils casse une bouteille de lait.

   _____

3. Je rougis et fais mes excuses. Une vedette (*a movie star*) entre dans le magasin.

   _____

4. Je fais semblant (*pretend*) de ne pas la remarquer. Elle me dit, «Il est tellement mignon, votre enfant.»

   _____

5. En fait, elle est dans notre ville depuis trois semaines. Elle ose (*dare*) finalement faire les courses au centre–ville.

   _____

6. Nous parlons comme de vieilles amies. Je remarque qu'il est presque l'heure du dîner.

   _____

7. J'essaie de l'inviter à dîner chez nous. Elle disparaît.

_____

B. **Circonstances**. Complétez la narration suivante. Récrivez les phrases en mettant le verbe souligné à l'imparfait (la circonstance). Utilisez un autre verbe au passé composé pour exprimer un événement qui interrompt cette situation.

> **Modèle:** Hier soir, j'ai écrit un mémoire.
> *J'écrivais mon mémoire quand quelqu'un a sonné à la porte.*

1. J'ai parlé à mon ami.

_____

2. Nous sommes allés au cinéma.

_____

3. Nous avons acheté du pop-corn.

_____

4. Nous avons regardé le film.

_____

5. Après le film nous sommes rentrés chez moi.

_____

 Chapitre 5

STRUCTURE II

Pour parler du temps: les prépositions pour, pendant, dans, en + expression temporelle

A. Une question de temps. Complétez ce dialogue entre un serveur et son client en choisissant les prépositions appropriées.

1. Client: Monsieur, excusez-moi, mais nous attendons notre poulet _____ une demi-heure.

2. Serveur: Je vous rappelle, Monsieur, qu'une fricassée de poulet ne se fait pas _____ trois minutes.

3. Client: N'exagérons pas! Nous avons faim! Nous voulions sortir _____ une petite heure, avant d'aller au cinéma. Regardez, nous sommes ici _____ deux heures déjà sans rien manger. Nous pourrions du moins prendre du pain _____ que nous attendons?

4. Serveur: Bien sûr, Monsieur. J'arrive _____ deux minutes.

   (une demi-heure plus tard)

5. Client: J'en ai assez. Le film commence _____ quinze minutes. Nous pouvons prendre des glaces _____ la séance.

B. Interview. Répondez aux questions avec des phrases complètes.

1. Pour combien de temps voudriez-vous partir en vacances?

   _____

2. Pendant combien de temps avez-vous étudié hier?

   _____

3. Vous prenez votre petit déjeuner en combien de temps?

   _____

4. Où habiterez-vous dans dix ans?

   _____

5. Depuis combien de temps faites-vous cet exercice?

_____

INTERACTION II: Chacun à son goût

AUTREMENT DIT

A. **Profil d'un mélomane** (*a music lover*). Complétez les phrases suivantes pour exprimer vos goûts. Servez-vous des noms des musiciens que vous connaissez et du vocabulaire de l'**Autrement dit**.

1. Qui? _____? C'est de la musique pour les vieux.

2. _____ est mon compositeur préféré.

3. Nommez un chanteur ou une chanteuse célèbre qui est sexy mais qui n'a pas trop de talent:

_____

4. _____ ne sait même pas chanter.

5. La musique? J'aime _____ et _____ mais je n'apprécie pas trop _____ parce que _____.

STRUCTURE III

Pour narrer au passé: les temps du passé (résumé)

A. **Souvenir de jeunesse.** Mettez les verbes entre parenthèses au temps du passé convenable.

Quand j(e) (1) _____ (être) petit/e j(e) (2) _____ (attendre) l'arrivée

de Noël pendant toute l'année. J(e) (3) _____ (avoir) grande envie de voir le Père Noël,

mais je (4) _____ (dormir) chaque fois qu'il (5) _____ (venir). Finalement,

j(e) (6) _____ (avoir) une idée. Etant petit, je (7) _____ (ne ... pas /

pouvoir) me coucher tard, donc j(e) (8) _____ (demander) à ma sœur, qui

(9) _____ (être) plus âgée que moi, de me réveiller le moment où le Père Noël arrive. Le lendemain matin ma sœur m(e) (10) _____ (montrer) une photo de moi-même, avec le père Noël et un nounours (teddy bear). «Tu te souviens?"» a-t-elle dit, «Le Père Noël

(11) _____ (venir) te voir avant de partir» Je (12) _____ (savoir) bien que c'était mon père sur la photo, mais je(13)_____ (répondre), «Oui, oui. Je me souviens.» Je

(14) _____ (garder) mon secret depuis vingt ans quand finalement j(e)

(15) _____ (décider) d'expliquer à ma famille comment je (16) _____ (savoir) ce jour-là que le Père Noël n'existait pas. Il ne faut pas trop gâcher les fêtes pour les adultes!

B. **Un souvenir de vacances.** Complétez l'histoire de Catherine en mettant les verbes entre parenthèses au temps du passé convenable.

Ce (1) _____ (être) il y a deux ans. Je (2) _____ (se trouver) dans un petit village charmant que mon amie Martine me (3) _____ (recommander). Un jour, je (4) _____ (aller) voir une église romane qui (5)_____ (être) magnifique. Là j(e) (6) _____ (voir) un jeune homme et je lui (7) _____ (parler) pendant longtemps. J(e) (8) _____ (dire) que j(e) (9) _____ (aimer) son village, mais que je ne (10) _____ (pouvoir) pas y habiter parce que c(e), (11) _____ (être) trop calme. Lui, il (12) _____ (répondre) qu'il en profitait pour écrire ses romans.

GRAMMAIRE DE BASE

A. **Une recommandation.** Un professeur veut savoir si votre ami François est un bon étudiant. Répondez à ses questions en transformant les adjectifs entre parenthèses en adverbes.

1. Comment François répond-il aux questions? (poli)

   _____

2. Comment est-ce qu'il écoute ses professeurs? (patient)

   _____

3. Comment est-ce qu'il travaille? (sérieux)

_____

4. Comment est-ce qu'il étudie? (constant)

1 _____

5. Comment est-ce qu'il parle anglais? (bon)

_____

B. **Comparaison.** Le professeur n'est pas convaincu. Il vous demande de comparer François à d'autres étudiants. Composez des phrases complètes avec les éléments donnés. Transformez les adjectifs en adverbes.

1. François parle anglais / plus / bien / moi.

_____

2. Martin / ne travaille pas / aussi / rapide / lui.

_____

3. Les autres étudiants écoutent / moins / attentif / lui.

_____

4. Il écrit / plus / soigneux / tous les autres.

_____

 Chapitre 5

STRUCTURE IV

Pour narrer: les adverbes (suite)

A. **Bien manger pour mieux vivre.** Transformez le mot entre parenthèses en adverbe (si possible) et mettez-le à la place correcte dans la phrase pour modifier le verbe ou l'adjectiif souligné.

1. Si vous voulez bien manger, <u>composez</u> vos menus quotidiens. (intelligent)

_____

_____

2. Les personnes qui <u>mangent</u> ont souvent mal au cœur. (vite)

_____

3. <u>Choisissez</u> les aliments qui font partie d'un régime équilibré. (soigneux)

_____

4. Vous pouvez <u>manger</u> tous les légumes que vous aimez. (confiance)

_____

5. Le cancer du côlon est fréquent chez les individus qui <u>mangent</u> de la viande rouge. (quotidien)

_____

6. Si vous vous <u>dépensez</u>, prenez des aliments riches en hydrates de carbone. (physique)

_____

7. Ce n'est pas une bonne idée <u>de manger</u> avant de se coucher. (énorme)

_____

8. C'est une bonne idée de prendre du lait <u>écrémé</u> *(skim)*. (partiel ou entier)

_____

B. Interview. Répondez avec des phrases complètes.

1. De tous vos amis, qui mange le mieux?

_____

2. Connaissez-vous un chanteur ou une chanteuse célèbre qui chante faux? Qui? Est-ce que vous l'aimez bien quand même?

_____

3. Est-ce que vous parlez avec confiance devant les autres?

_____

4. A qui rendez-vous service *(favor)* avec plaisir ?

_____

5. Qu'est-ce que vous avez dû constamment faire la semaine dernière?

_____

6. Qu'est-ce que vous allez sûrement faire l'été prochain?

_____

   Chapitre 5

COMPOSITION: Un compte rendu

SITUATION

Vous allez faire un petit compte rendu de quatre paragraphes sur un film que vous avez vu ou un concert auquel vous avez assisté récemment.

PREPARATION

A. **Pour situer le lecteur.** Répondez aux questions suivantes.

1. D'abord, choisissez le film ou le concert que vous allez décrire.

   _____

2. Maintenant, situez le spectacle: c'est quel genre de musique? de film? Où l'avez vous vu? Quelle était l'ambiance de la salle?

   _____

   _____

   _____

B. **La description.** S'il s'agit d'un film, faites un résumé <u>très bref</u> de l'intrigue et parlez du personnage principal. (N'oubliez pas qu'un bon critique ne révèle pas le dénouement d'un film!) S'il s'agit d'un concert, décrivez l'artiste: qu'est-ce qu'il/elle portait? Était-il/elle énergique? Quelles compositions (*pieces*) a-t-il/elle choisies?

   _____

   _____

   _____

   _____

   _____

C. **Critique**. Qu'est-ce que vous avez pensé de l'intrigue, du jeu, de la cinématographie? Ou pour un concert, qu'est-ce que vous avez pensé du choix de la musique, de son exécution?

_____

_____

_____

D. **Conseils**. Pour conclure, dites si vous recommanderiez ce concert ou ce film aux autres et pourquoi.

_____

_____

_____

_____

COMPOSEZ

Le compte rendu. Maintenant, écrivez votre compte rendu en vous basant sur les parties A-D que vous avez préparées. Evitez (*avoid*) une simple liste de phrases. Pensez au lecteur que vous voulez convaincre.

CHAPITRE 6

Clés de la vie politique
Identités ethniques et nationales

INTERACTION I: Petit débat sur l'orgueil national

AUTREMENT DIT

A. **Réactions.** Répondez aux jugements suivants en utilisant une expression pour indiquer votre incertitude, ou pour exprimer que l'autre a raison ou tort.

1. La reine d'Angleterre a autant de pouvoir que le premier ministre.

   _____

2. Le président des Etats-Unis joue un rôle largement symbolique.

   _____

3. La cuisine américaine manque d'originalité.

   _____

4. Ma génération a les mêmes valeurs que celle de mes parents.

   _____

5. Un président élu représente toujours la majorité des citoyens.

   _____

6. Le pourcentage des Français qui exercent leur droit de voter est plus élevé que celui des Américains.

   _____

GRAMMAIRE DE BASE

A. Les enfants! Complétez les phrases suivantes en mettant la forme correcte du verbe entre parenthèses.

1. Michael! Pourquoi est-ce que tu _____ (ouvrir) tes cadeaux avant la fête! Nous _____ (préférer) que tu attendes!

2. Le petit Henri _____ (se sentir) malade. Il _____ (souffrir) et il va rester à la maison.

3. Mais si nous _____ (partager) les bonbons, il n'y en aura pas assez!

4. Comment _____ (s'appeler)-tu? Et comment _____ (s'appeler)-ils, tes copains?

5. J(e) _____ (essayer), mais je ne peux pas finir mes épinards.

6. Tu ne nous _____ (dire) pas de mensonges (*lies*).

7. Ce sont elles qui _____ (dire) des bêtises (*foolish things*)!

B. La routine quotidienne. Remplissez les blancs avec la forme correcte du verbe entre parenthèses.

1. Chez nous, c'est toujours là même chose. Les enfants _____ (se coucher) trop tard et ils _____ (se lever) avec difficulté.

2. Puis, les adultes _____ (se dépêcher).

3. Mon mari _____ (se raser) et je _____ (se brosser) les dents à toute vitesse.

4. Les enfants _____ (s'habiller) lentement.

5. Je _____ (se sentir) fatiguée dès le début de ma journée!

 Chapitre 6

C. **Que dites-vous?** Utilisez l'impératif, selon le modèle.

      Modèle: Dites à votre frère de ne pas dire de bêtises.
                   Ne dis pas de bêtises!

1. Dites à un ami de se réveiller.

    _____

2. Dites aux enfants de se réveiller.

    _____

3. Dites à vos parents de ne pas se dépêcher.

    _____

4. Dites à votre sœur de se laver les mains.

    _____

5. Dites au professeur de se reposer.

    _____

STRUCTURE I

Pour narrer au présent: les verbes pronominaux

A. **Le départ.** Choisissez un des verbes entre parenthèses et remplissez les blancs.

1. Sarah _____ (aller / s'en aller) en Belgique cet automne.

2. Ce n'est pas vrai! Elle _____ (aller / s'en aller)?

3. Je _____ (douter / se douter) que c'est pour rejoindre son copain Thierry. Il lui manque beaucoup.

4. Ils _____ (entendre / s'entendre) bien, mais ils _____ (mettre / se mettre) à _____ (douter / se douter) qu'ils puissent réussir leur vie de couple en étant séparés comme ça.

5. Mais comment Sarah va-t-elle _____ (se moquer / se débrouiller) sans boulot?

6. Elle va _____ (mettre / se mettre) une petite annonce dans les journaux. Elle espère donner des leçons particulières d'anglais.

B. **Chez un conseiller matrimonial.** Six mois après son arrivée en Belgique, Sarah et Thierry se sont mariés. Ils ont du mal à s'adapter à la vie commune, et ils décident de voir un conseiller. Complétez leur dialogue en choisissant le verbe approprié.

1. Conseiller: Vous _____ (entendre / s'entendre) mal depuis combien de temps?

2. Sarah: Nous _____ (se disputer / s'en aller) pour tout et rien depuis le début du mariage.

3. Thierry: Elle pense que je la _____ (tromper / se tromper) !

4. Sarah: Ce n'est pas vrai! Mais tu travailles très tard et je _____ (s'inquiéter / s'entendre) pour toi, c'est tout. Tu pourrais me téléphoner.
   Thierry: Ce n'est pas tout. Il y a le problème de la fenêtre.
   Sarah: J'ouvre la fenêtre, il la ferme.

5. Thierry: Je ne supporte pas les courants d'air. Je ne peux pas _____ (endormir / s'endormir) quard les fenêtres sont ouvertes.

6. Sarah: Ce n'est pas tout. Je _____ (ennuyer / s'ennuyer) le week-end.

7. Thierry: Moi, j'aime _____ (se débrouiller / se détendre) une fois à la maison. Le moment où elle rentre du travail elle veut _____ (aller / s'en aller), elle veut sortir avec des amis. Qu'est-ce qu'on peut faire?

8. Conseiller: Il faut accepter vos différences sans souligner les erreurs de votre partenaire. Si vous pensez que vous allez vous ressembler parfaitement, vous _____ (tromper / se tromper).

C. **Interview.** Répondez avec des phrases complètes.

1. Quand est-ce que les étudiants s'ennuient?

_____

 Chapitre 6

2. Connaissez-vous une personne qui ne se débrouille pas bien à l'université?

   _____

3. Comment est-ce que vous vous détendez après une journée difficile?

   _____

4. A quoi est-ce que vos amis s'intéressent?

   _____

5. De qui ou de quoi est-ce que vous vous moquez?

   _____

6. Est-ce que vous vous servez souvent d'un ordinateur ?

   _____

7. Avec qui est-ce que vous vous entendez bien?

   _____

STRUCTURE II

Identifier et décrire: l'emploi de c'est et de il / elle est

A. **Vous êtes curieux?** Identifiez les personnes et les choses suivantes en employant la forme correcte de *il /elle est* ou *c'est*.

1. Stephen King? _____ un auteur de romans fantastiques. _____ très célèbre.

2. Oprah Winfrey? _____ une animatrice de télévison américaine. _____ actrice aussi.

3. Daniel Day-Lewis? _____ acteur.

4. Greg LeMond? _____ un cycliste américain.

5. Le Sphinx et la Grande Pyramide? _____ des monuments en Egypte. _____ aujourd'hui menacés par la pollution.

6. La Guyane? _____ un pays tropical en Amérique du Sud. _____ située entre le Surinam et le Brésil.

7. Louis Malle? _____ réalisateur. _____ français mais il a tourné beaucoup de films aux Etats-Unis.

B. **A mon avis.** Complétez les phrases suivantes.

1. Il est difficile de _____

2. _____ faire régulièrement de l'exercice.

3. Il est déconseillé de _____

4. _____ lire le journal tous les jours.

C. Maintenant transformez les quatre phrases de la partie B en utilisant *c'est + adjectif + infinitif*.

1. _____

2. _____

3. _____

4. _____

INTERACTION II: Il y a Canadiens ... et Canadiens

A. **Réactions.** Répondez en vous servant des expressions de l'**Autrement dit.**

1. Ne te dépêche pas pour sortir. On pourrait regarder la vidéo de mon mariage encore une fois!

_____

2. C'est sérieux. On peut facilement acheter de la viande de cheval en France.

    _____

3. Je te l'ai demandé hier, et je te le répète: tu vas m'aider à bouger (*to move*) cette armoire?

    _____

4. Tu es absolument sûr? Tu ne te trompes pas?

    _____

GRAMMAIRE DE BASE

A. **Le rêve d'Ariane.** Une fille de 10 ans parle de sa vie quand elle aura 21 ans. Complétez le paragraphe en mettant la forme correcte du verbe entre parenthèses.

Quand j(e) (1) _____ (avoir) 21 ans , je (2) _____ (faire) tout ce que je (3) _____ (vouloir). Je (4) _____ (rester) au lit jusqu'à onze heures du matin. Je (5) _____ (sortir) tout le temps. Monique et moi, nous (6) _____ (jouer) toute la journée et nous (7) _____ (s'amuser) le soir à regarder la télévision. On (8) _____ (aller) au cinéma et mon frère aîné, Benoît, me (9) _____ (parler) gentiment. Maman et papa n(e) (10) _____ (avoir) pas tellement de travail, et en plus ils (11) _____ (être) toujours contents de moi. Quelle vie j'aurai!

B. **Si seulement!** Dites ce que les personnes suivantes feraient si elles n'avaient pas à travailler aujourd'hui. Employez la forme **conditionnelle** des verbes entre parenthèses.

1. François _____ au centre commercial. (aller)

2. Robert _____ tous ses amis à dîner chez lui. (inviter)

3. Paule _____ son roman policier. (finir)

4. Les voisins _____ du jogging. (faire)

5. Moi, je _____ un café avec des amis. (prendre)

6. Est-ce que tu me _____ visite? (rendre)

STRUCTURE III

Pour parler des conditions potentielles: les phrases avec si

A. Rivalité fraternelle. Mettez la forme correcte des verbes entre parenthèses.

1. Si mon frère _____ (étudier) régulièrement, il recevrait de meilleures notes.

2. Mes parents pensaient que s'il y avait un micro-ordinateur à la maison, ça l'_____ (aider) à travailler.

3. Ben! Si je leur _____ (demander) de m'offrir un cadeau si cher, ils se moqueraient de moi.

4. Quand ils m'ont dit qu'ils avaient décidé de lui en acheter un, j'ai répondu: «Et si je dévalise (*rob*) une banque, vous m'_____ (offrir) une voiture?»

5. Si seulement ils _____ (comprendre) mon sens de l'humour!

6. Si tu as des difficultés avec tes études, _____ (parler) à tes parents!

B. Histoire hypothétique. Continuez la première phrase en écrivant un verbe à la forme appropriée. Puis, commencez la deuxième phrase avec le même verbe. Continuez comme ça pour voir où ça mène.

        Modèle: Si j'avais le temps, *je rangerai ma chambre.*
                      Si je rangeais ma chambre, *ma camarade de chambre serait contente.*
                      Si ma camarade de chambre était contente, ...

1. Si j'avais le temps, _____

2. _____

3. _____

4. _____

5. _____

6. _____

7. _____

8. _____

STRUCTURE IV

Pour parler du futur: le futur et le futur antérieur

A. **C'est promis?** Remplissez les blancs avec la forme correcte du verbe donné. Dans chaque phrase il y aura un verbe au **futur** et un autre au **futur antérieur.**

1. Vous _____ (être) moins anxieux quand vous _____ (finir) ce mémoire.

2. Quand tu _____ (rentrer) de la bibliothèque nous _____ (sortir) le chien.

3. Ils nous _____ (téléphoner) aussitôt qu'ils _____ (trouver) un hôtel.

4. Vous _____ (savoir) mieux me donner des conseils après que vous _____ (entendre) mon histoire.

B. **Révision.** Complétez les phrases en faisant attention aux formes des verbes.

1. Téléphone-moi aussitôt que _____

_____

2. Mes amis seront surpris quand _____

_____

3. Cette ville serait plus agréable si _____

_____

4. Si seulement _____!

5. Si nous apprenons le français _____

6. Si on _____ ?

7. Dans vingt ans, je _____

COMPOSITION: Incroyable, mais vrai!

SITUATION

Imaginez que c'est l'an 1800. On vous demande de prévoir l'avenir de votre pays à la fin du vingtième siècle. Vous consultez votre boule de cristal ...

PREPARATION

A. **Objets.** De quels objets inconnus est-ce que les gens se serviront? Comme ce sont des objets inconnus, il va falloir identifier leur fonction.

Objet inconnu	Fonction
Des voitures	*Ce sont des machines qui remplaceront les chevaux.*
_____	_____
_____	_____
_____	_____

B. **La société.** Quels aspects de la société seront différents? Quels seront les problèmes frappants?

_____

_____

_____

C. **Les individus.** Comment seront les individus physiquement et moralement?

_____

 Chapitre 6

_____

_____

D. **L'art de persuader.** Vos lecteurs seront certainement incrédules. Qu'est-ce que vous pourriez leur dire pour les convaincre? (Voir l'**Autrement dit**)

_____

_____

_____

_____

COMPOSEZ

Prédictions. Maintenant, écrivez votre essai. Servez-vous des phrases et des idées des parties A-D.

CHAPITRE 7

Regards sur la diversité
Conflits linguistiques et culturels

INTERACTION I: Français, langue universelle?

AUTREMENT DIT

A. **Réactions.** Donnez vos réactions aux opinions suivantes.

1. Tout le monde doit apprendre une deuxième langue.

   _____

2. Pour améliorer notre situation économique, il faut que les Américains se servent moins des cartes de crédit.

   _____

3. Dans quelques années on aura détruit l'ozonosphère.

   _____

4. Il faut protéger les forêts tropicales de l'Amérique du Sud.

   _____

5. Dans quelques années presque tout le monde aura un télécopieur à la maison.

   _____

6. Une attitude positive envers la vie est une arme efficace contre la maladie.

   _____

GRAMMAIRE DE BASE

A. **Conseils aux enfants.** Complétez les phrases en mettant la forme correcte du verbe entre parenthèses au **subjonctif.**

1. Il faut que tu _____ poliment à ta tante! (parler)

2. Pauline! Je ne veux pas que tu _____! (mentir)

3. Nous voulons que vous _____ tous vos cousins. (connaître)

4. Il faut que tu _____ tes légumes avant de prendre un dessert. (finir)

5. Il faut que je vous _____ encore une histoire! (lire)

6. Il est important que nous _____ une lettre à ta grand-mère pour la remercier. (écrire)

B. **Conseils aux camarades de chambre.** Formulez des phrases en employant le **subjonctif.**

1. Il est important / vous / se parler honnêtement.

   _____

2. Il faut / vous / partager les travaux ménagers (*the housework*).

   _____

3. Caroline, il faut absolument / tu / rendre tous les pulls que tu as empruntés!

   _____

4. Elise, il vaudrait mieux / tu / fermer la porte de ta chambre quand tu écoutes de la musique.

   _____

 Chapitre 7

5. Je ne crois pas / ça / plaire à Caroline d'être interrompue pendant qu'elle étudie.

    _____

6. Je souhaite / nous / finir cette conversation bientôt.

    _____

7. Je me suis disputé avec ma camarade de chambre et il faut / je / lui dire que je vais déménager ce week-end.

    _____

STRUCTURE I

Pour exprimer un point de vue: l'infinitif et le présent du subjonctif après les expressions impersonnelles

A. **Conseils aux endettés.** Formulez des phrases en écrivant la forme appropriée (*que + subjonctif* ou *indicatif* ou *de + infinitif*) du verbe.

1. Il est certain / beaucoup de Canadiens et d'Américains / avoir de graves difficultés financières.

    _____

    _____

2. Il faudra bien / nous / employer / moins nos cartes de crédits.

    _____

    _____

3. Attention! Il est possible / vous / remplir / trop de demandes pour des cartes de crédits.

_____

_____

4. Parfois il vaut mieux / vous / couper / en deux vos cartes de crédit.

_____

_____

5. Il est important / noter / toutes vos dépenses.

_____

_____

6. Il est essentiel / vous / savoir / où passe votre argent.

_____

_____

7. Il est bon / établir / un budget pour éviter des problèmes financiers.

_____

_____

B. **Chez un conseiller financier.** Un jeune couple va chez un conseiller financier. Formulez leurs phrases.

1. Il est évident / nous / dépenser trop d'argent.

_____

2. Il serait / bon / avoir / moins de dépenses.

_____

3. Sinon, il se peut / nous / faire faillite (*declare bankruptcy*).

_____

4. Il est probable / nous / consolider nos dettes.

_____

C. **Conseils.** Qu'est-ce qu'on dit dans les situations suivantes? Employez les expressions suggérées.

1. Un bon ami n'a jamais assez d'argent. Vous lui dites ... (il faut)

_____

2. Vous dites à votre professeur que vous ne serez pas en classe demain. Vous lui dites ... (il est important)

_____

3. Votre professeur vous répond. Il dit ... (il est probable)

_____

4. Votre ami va commencer à travailler comme professeur de lycée. Vous lui dites ... (il faut)

_____

STRUCTURE II

Pour narrer au passé: les temps composés des verbes pronominaux

A. **La vie des personnes riches et célèbres.** Complétez cette interview de la princesse Stéphanie de Monaco en transformant les verbes entre parenthèses au passé composé.

Journaliste: Décrivez-nous la journée typique d'une princesse.

Stéphanie: Ma vie est très simple, Robin. Hier par exemple, je (1) _____ (se lever) à onze heures et demie. Je (2) _____ (se laver) et je (3) _____ (se brosser) les dents, comme tout le monde. Puis j'ai téléphoné à ma sœur Caroline, et nous (4) _____ (se dépêcher) pour aller à la plage où nous (5) _____ (se parler) de tout et de rien. Plus tard, Caroline et moi, nous sommes allées à la discothèque avec nos amis Mick et Patti. Ils (6) _____ (s'ennuyer) et sont partis assez tôt, mais Caroline et moi avons dansé jusqu'à quatre heures du matin. Dans notre limousine, Caroline m'a demandé, «Est-ce que tu (7) _____ (s'amuser)?» J'ai dit, «Mais bien sûr, ma chère, » et je (8) _____ (s'endormir) comme ça, dans la limousine, un verre de champagne à la main.

INTERACTION II: Vive la différence?

AUTREMENT DIT

A. **Dialogues.** Complétez les dialogues suivants en vous servant des expressions de l'**Autrement dit.**

1. Un touriste: _____?

   Vous: Un pressing? C'est tout près. Tournez à gauche et continuez jusqu'au coin et c'est devant vous.

2. Un camarade de classe: J'ai ton adresse, mais dis, comment est-ce que je vais chez toi de l'université?

   Vous: _____

3. Un étudiant: Où est la librairie, s'il vous plaît?

   Vous: _____

                   _____

GRAMMAIRE DE BASE

A. Conseils aux voyageurs. Nathalie donne des conseils à Anne et à ses amis pour leur voyage à Paris. Mettez le verbe entre parenthèses au **subjonctif**.

1. J'ai l'adresse d'un ami à Paris. Veux-tu que je lui _____ (dire) la date de ton arrivée?

2. Il faut que vous _____ (voir) le Louvre.

3. Il n'est pas sûr que vous _____ (aimer) la Tour Eiffel. Ce n'est pas très intéressant finalement.

4. Il est essentiel que vous _____ (avoir) des plans de la ville.

5. Je préfère que tu ne m' _____ pas (écrire) et que tu me racontes tout en rentrant. Bonnes vacances!

B. Projets. Après avoir reçu tous ces conseils, Anne et ses amis font leurs projets de vacances.

1. Il faut que nous _____ (savoir) notre date de départ bien à l'avance.

2. Je ne suis pas sûre que François _____ (venir) avec nous.

3. Il est essentiel que Mathilde _____ (pouvoir) amener son chien.

4. Il vaudrait mieux que nous _____ (aller) à l'agence de voyage demain

5. Je préfère qu'on y _____ (aller) tout de suite!

STRUCTURE III

Pour exprimer la volonté et la préférence: la forme verbale après les expressions de volonté et de préférence

A. **Projets de vacances.** Mme Blanchard consulte son agent de voyages. Joignez les phrases de Mme Blanchard en faisant tous les changements nécessaires.

Modèle: J'aimerais bien / je ne reste pas dans une grande ville.
J'aimerais bien ne pas rester dans une grande ville.

1. Je préférerais / je ne prends pas l'avion.

   _____

2. J'aimerais mieux / nous prenons le train.

   _____

3. J'ai peur / je dépenserais trop d'argent dans une grande ville.

   _____

4. Je crains / mes enfants peuvent se perdre dans la foule.

   _____

5. Je suis contente / vous pouvez m'aider à prendre une décision.

   _____

6. J'espère / nous trouverons le village idéal dans ces brochures.

   _____

 Chapitre 7

B. **Vos préférences.** Répondez avec des phrases complètes.

1. Qu'est-ce que vous préféreriez qu'une femme de ménage *(cleaning woman)* fasse chez vous?

   _____

2. Qu'est-ce que vous préférez toujours faire vous-même?

   _____

3. Qu'est-ce que vous avez peur de faire?

   _____

4. Qu'est-ce que vos parents ou vos amis craignent que vous ne fassiez?

   _____

5. Qu'est-ce que vous espérez faire un jour *(some day)* ?

   _____

STRUCTURE V

Pour repérer : les prépositions avec les noms géographiques

A. **Géographie.** Un professeur américain parle des villes et des pays d'origine de ses étudiants. Complétez le paragraphe en employant les articles et les prépositions nécessaires. Mettez Ø pour indiquer qu'il ne faut rien écrire.

Quel groupe cosmopolite! Akiko vient (1) _____ Tokyo, et Rune vient (2) _____ Norvège. Shanti est née (3) _____ Canada, mais ses parents sont (4) _____ Portland maintenant. Tri a déjà beaucoup voyagé (5) _____ Asie. Il est arrivé (6) _____ Etats-Unis quand il avait douze ans et il a déjà vécu (7) _____ Wisconsin et (8) _____ Californie. Si vous voulez visiter (9) _____ Europe, consulter Gerda d'abord. Elle vient (10) _____ Roumanie et elle connaît bien (11) _____ Allemagne et (12) _____ Italie. Certains étudiants ont déjà visité (13) _____ Londres et (14) _____ Paris, et Sean a fait un voyage en train et à vélo (15) _____ Alsace et (16) _____ Provence. Plusieurs étudiants ont l'intention d'aller (17) _____ Mexique pendant les vacances de printemps. Quant à moi, j'aimerais un jour aller (18) _____ Douala, (19) _____ Cameroun.

B. **Interview.** Répondez avec des phrases complètes.

1. D'où venez-vous?

    _____

    _____

2. Quelles villes avez-vous visitées récemment?

    _____

    _____

3. Où aimeriez-vous vivre un jour?

    _____

    _____

4. Est-ce que vous refuseriez de vivre dans certains pays ou dans certaines villes? Lesquels?

    _____

    _____

5. Avez-vous déjà visité des pays francophones? Lesquels?

    _____

    _____

 Chapitre 7

COMPOSITION:
Tant de choses à faire, tant de choses à aimer!

SITUATION

On vous demande d'écrire à un étudiant étranger pour l'encourager à faire ses études à votre université. Il hésite à choisir votre université non à cause de sa réputation académique, mais parce qu'il a seulement un an à passer dans votre pays et aimerait profiter du peu du temps qu'il va passer à l'étranger. Malheureusement, il a entendu trois commentaires négatifs sur votre ville.

PRÉPARATION

A. **Réactions.** D'abord, réagissez à chacun de ses commentaires en employant une expression de l'**Autrement dit**, «Dire qu'on est d'accord/qu'on ne l'est pas.»

1. Il n'y a rien à faire le week-end.

   _____

2. Il n'y a pas assez de diversité culturelle.

   _____

3. Il n'y a pas beaucoup de tourisme dans la région.

   _____

B. **Divertissements.** Nommez deux choses qu'on pourrait faire le week-end ou le soir dans votre ville. Pour exprimer votre enthousiasme, commencez vos phrases avec une des expressions de la **Structure I**: *il faut*, etc.

1. _____

2. _____

C. **Diversité culturelle.** Donnez des exemples de la diversité culturelle de votre ville en employant des expressions des **Structures I et II.**

1. _____

2. _____

D. **La région.** Il y a beaucoup d'endroits à visiter hors de la ville. Identifiez-les en employant des expressions des **Structures I et II.**

1. _____

2. _____

COMPOSEZ

La lettre. Maintenant, écrivez une lettre de cinq paragraphes; introduction, un paragraphe sur chacun des sujets traités ci-dessus, et une conclusion.

CHAPITRE 8

Fenêtre ouverte sur les paysages
Villes et campagnes

INTERACTION I: Rat des villes et rat des champs

AUTREMENT DIT

A. **Les emplois.** Répondez aux questions suivantes par des phrases complètes.

1. Qu'est-ce que vous aimeriez faire dans la vie?

_____

2. Qu'est-ce que vous n'aimeriez pas du tout faire?

_____

3. Quel est l'emploi le plus ennuyeux que vous avez jamais eu? Y avait-il quand même des avantages? *(réductions, produits gratuits, etc.)*

_____

_____

4. Est-ce que vous travaillez actuellement? A mi-temps ou à plein temps? Quels sont les avantages de votre travail? Et les inconvénients?

_____

_____

_____

_____

GRAMMAIRE DE BASE

A. **Patrick le curieux.** Le petit Patrick embête sa mère en lui posant beaucoup de questions. Elle ne fait pas attention à lui, donc il les répète! Ecrivez ses répétitions en remplaçant les mots soulignés par des **pronoms**.

1. Est-ce que les astronautes prennent beaucoup de photos quand ils vont sur la lune?

   _____?

2. Est-ce que les crapauds (*toads*) aiment les araignées (*spiders*) ?

   _____?

3. Est-qu'on a trouvé des géants (*giants*) sur la planète Mars?

   _____?

4. Est-ce que tu vas vivre avec Adrienne et moi quand nous serons grands?

   _____?

5. Est-ce que je peux donner ma soupe au chien?

   _____?

6. Est-ce que je peux dormir dans le jardin?

   _____?

7. Est-ce que tu as acheté mon cadeau d'anniveraire?

   _____?

 Chapitre 8

B. **Maman répond.** Ecrivez les réponses aux questions de Patrick. Elles seront toujours au négatif.

1. Non, _____ .

2. Non, _____ .

3. Non, _____ .

4. Non, _____ .

5. Non, _____ .

6. Non, _____ .

7. Non, _____ .

STRUCTURE I

Pour faire référence à un élément du discours déjà mentionné: les pronoms multiples

A. **Laisse-moi tranquille!** Patrick est de mauvaise humeur et il répète tout ce qu'il dit pour embêter sa sœur. Ecrivez sa deuxième phrase en remplaçant les mots soulignés par des pronoms.

1. Rends-moi <u>mes crayons de couleur</u> (*crayons*).

   _____

2. Ne parle pas <u>à maman de mes notes</u>.

   _____

3. Je ne vais pas te montrer <u>mon nouveau jouet</u> (*toy*)!

   _____

4. J'ai donné <u>tes chocolats à mes amis</u>.

_____

5. Je ne m'intéresse pas <u>à l'école</u>.

_____

6. J'ai mis trois <u>livres dans le frigo</u>.

_____

7. Tu as mis trop <u>de lait dans mon verre</u>!

_____

B. **Interview.** Répondez aux questions suivantes en employant tous les **pronoms** possibles.

1. Est-ce que vous avez jamais perdu vos clés dans votre appartement?

_____

2. Est-ce que vos amis vous donnent beaucoup de conseils?

_____

3. Est-ce que vous donnez beaucoup de conseils à vos amis?

_____

4. Est-ce que vous allez souvent au restaurant avec vos amis?

_____

 Chapitre 8

5. Est-ce qu'il y a beaucoup de papiers et de livres sur votre bureau?

   _____

6. Est-ce que vous allez écrire des lettres à votre meilleur/e ami/e cet été?

   _____

STRUCTURE II

Pour parler de ce qui vous arrive: la voix passive

A. **La phobie de l'avion.** Composez des phrases à la voix passive en employant les éléments donnés.

> **Modèle:** Un séminaire sur la phobie des avions / organiser / un médecin célèbre. (futur)
> *Un séminaire sur la phobie des avions sera organisé par un médecin célèbre.*

1. La phobie des avions / aggraver / les reportages sur les accidents aériens. (présent)

   _____

   _____

2. Souvent les personnes qui ont peur de voyager en avion / condamner / à perdre contact avec leurs meilleurs amis. (présent)

   _____

   _____

3. Sachez que les avions / construire / pour entrer dans les zones de turbulence sans aucun danger. (présent)

   _____

   _____

4. Heureusement, les symptômes de la peur / identifier / les médecins. (passé composé)

_____

_____

5. Des exercices de relaxation / développer / pour lutter contre ces symptômes de peur. (passé composé)

_____

_____

B. **Retour à la phobie.** Maintenant, récrivez les verbes de la partie A <u>en évitant</u> la voix passive.

1. _____

_____

2. _____

_____

3. _____

_____

4. _____

_____

5. _____

_____

 Chapitre 8

INTERACTION II: La vie moderne

AUTREMENT DIT

A. **Interview.** Répondez avec des phrases complètes.

1. Quels sont les avantages et les désavantages d'habiter la ville?

   _____

   _____

2. Quels sont les avantages et les désavantages d'habiter la banlieue?

   _____

   _____

3. Quels sont les avantages et les désavantages d'habiter la campagne?

   _____

   _____

4. Où habitiez vous quand vous étiez petit/e?

   _____

5. Où aimeriez-vous habiter après vos études?

   _____

STRUCTURE III

Pour faire faire quelque chose: le faire causatif

A. Exigences. Qu'est-ce que la première personne fait faire à la deuxième?

1. Le professeur / ses étudiants (lire un poème)

   _____

2. Anne / sa petite sœur (faire son lit)

   _____

3. Mme Grossac / sa femme de ménage (faire la vaisselle)

   _____

4. La patronne / son secrétaire (chercher un dossier)

   _____

B. Souhaits. Si vous pouviez, qu'est-ce que vous feriez faire ...

1. par le président des Etats-Unis?

   _____

2. par votre meilleur/e ami/e?

   _____

3. par un domestique?

   _____

4. par un génie magique?

_____

C. **Traduction.** Traduisez les phrases suivantes.

1. Let me know if there are no more books at the bookstore.

_____

2. That film made me sad.

_____

3. Our professor made us take an exam Friday.

_____

4. I'll have my brother pick up (*chercher*) some milk.

_____

5. Show me your new computer.

_____

6. Woody Allen's films make me laugh and cry.

_____

STRUCTURE IV

Pour mettre en valeur un élément du discours: les pronoms disjoints

A. **Une conversation dans le couloir.** Complétez la conversation suivante avec des pronoms disjoints.

1. _____ , j'adore mon cours d'anglais. Et _____ aussi, tu l'aimes?

2. Oh, oui! Mais les autres étudiants , _____, ils ne parlent pas assez en classe.

3. Regarde! C'est le prof d'anglais, non? C'est _____!

4. Tu te trompes. M. Grimaud est plus grand et moins gros que _____.

5. Eh, oui. Allez. Tu viens avec moi? J'ai besoin de _____. Je vais passer mon examen oral demain et il faut que je parle un peu d'anglais.

B. **Que de questions!** Répondez aux questions suivantes en remplaçant les mots soulignés par un pronom: *le, la, les, lui, leur, elle, y, en,* etc.

1. Aimez-vous les épinards *(spinach)?*

    _____

2. Avez-vous vu «La Grande Illusion?»

    _____

3. Combien d'enfants avez-vous?

    _____

4. Combien de tasses de café avez-vous prises aujourd'hui?

    _____

5. Est-ce que vous téléphonez souvent à votre meilleur/e ami/e?

    _____

6. Vous intéressez-vous à la politique?

    _____

     Chapitre 8

7. Etes-vous allé/e à la bibliothèque hier?

_____

8. Sortez-vous souvent avec vos amis/es de lycée?

_____

9. Vous souvenez-vous de votre premier/première instituteur/institutrice? Comment s'appelait-il/elle?

_____

10. Vous souvenez-vous de votre premier jour à l'université?

_____

COMPOSITION: Un poste à l'étranger

SITUATION

Félicitations! Vous avez la possibilité d'améliorer votre français en passant une année à travailler en France ou dans le pays francophone de votre choix. Pour obtenir un poste, il faut tout simplement écrire un essai dans lequel vous justifierez votre choix de ville/pays et de métier.

PRÉPARATION

A. **Choix.** Répondez aux questions suivantes.

1. Regardez la liste de métiers dans le chapitre 8, et choisissez-en trois que vous serez capable de faire.

_____, _____, _____

2. Si vous aviez le choix, lequel feriez-vous?

_____

3. Pourquoi avez-vous choisi ce métier?

   _____

4. Avez-vous de l'expérience ou d'autres qualifications?

   _____

   _____

   _____

B. **Où travailler?** Dans quel pays préféreriez-vous passer l'année? Pourquoi?

   _____   _____

   _____

   _____

C. **Rat des villes ou rat des champs?** Préféreriez-vous travailler en ville, dans la banlieue, ou à la campagne? Pourquoi?

   _____

   _____

   _____

COMPOSEZ

L'essai. Maintenant, écrivez votre essai en vous servant des réponses aux parties A-C.

CHAPITRE 9

Portes ouvertes ou fermées?
Différences de classe

INTERACTION I: Potins-cancans à l'heure du thé

AUTREMENT DIT

A. **Reproches.** Employez cinq expressions differentes de l'**Autrement dit** pour faire des reproches aux personnes suivantes ou à vous-même!

1. Martine a quitté son appartement pour le week-end et elle a laissé une fenêtre ouverte.

   _____

2. Thierry n'est pas venu à la fête d'anniversaire de son meilleur ami. Il n'a même pas téléphoné pour s'excuser.

   _____

3. Agnès ne peut jamais trouver ses clés.

   _____

4. Vous oubliez constamment les dates d'anniversaire de vos amis.

   _____

5. Vous êtes allé/s au supermarché mais vous avez oublié d'acheter trois choses dont vous aviez besoin.

   _____

B. **Interview.** Répondez aux questions suivantes avec des phrases complètes.

1. Avec qui est-ce que vous vous entendez bien?

   _____

2. Avec qui est-ce que vous vous entendez mal?

_____

3. Qu'est-ce que vous avez fait hier, et qu'est-ce que vous auriez dû faire au lieu de cela?

_____

_____

4. Imaginez qu'un ami veut se marier avec une personne que sa famille n'aime pas. Qu'est-ce que cet ami pourrait faire?

_____

5. Y a-t-il des moments où il faut se mêler de la vie des autres? Expliquez.

_____

_____

6. Qu'est-ce que vous auriez mieux fait de faire récemment?

_____

_____

GRAMMAIRE DE BASE

A. **Projets de vacances.** Elise fait des projets de vacances avec son ami Timothy. Complétez ses phrases. Employez **le présent, le futur, l'imparfait,** ou **le conditionnel** selon le cas.

1. Si tu te lèves à l'heure, Timothy, nous _____ (pouvoir) partir à l'heure.

2. Si nous _____ (faire) des réservations pour le train, nous ne devrons pas voyager debout (*standing up*).

3. Nous _____ (s'amuser) mieux si nous avions un plan de la ville.

4. Si nous marchons vite, nous _____ (voir) trois musées par jour!

 Chapitre 9

B. **L'orgueil national.** Elise et Timothy comparent Paris à New York. Chacun préfère la ville de son propre pays. Complétez les phrases d'Elise en mettant la forme correcte du **pronom démonstratif.**

1. Les bâtiments de Paris sont plus historiques que _____ de New York.

2. Les serveurs à Paris sont plus professionnels que _____ de New York.

3. Le métro de Paris est moins dangereux que _____ de New York.

4. Oui, les rues de Paris sont aussi bruyantes que _____ de New York.

5. Mais l'ambiance de Paris est plus agréable que _____ de New York

C. **Dette, probabilité, regret, ou obligation?** Indiquez quelle catégorie exprime le sens du verbe *devoir* dans les phrases suivantes: **a.** dette **b.** probabilité **c.** regret **d.** obligation.

1. _____ Anne n'est pas venue à ta soirée jeudi? Elle a dû être occupée.

2. _____ Tu crois? J'aurais dû lui téléphoner, mais j'étais tellement pressé ...

3. _____ Mais non! C'est elle qui devrait s'excuser!

4. _____ Tu as raison. Figure-toi, c'était elle qui devait apporter le gâteau.

5. _____ Une fête d'anniversaire pour le patron ... sans gâteau! Ça a dû être gênant!

6. _____ En plus, elle me doit 50F pour le cadeau!

STRUCTURE I

Pour exprimer les conditions irréelles: le conditionnel passé

A. **Vacances ratées.** Elise jette un coup d'œil rétrospectif sur ses vacances ratées. Complétez ces phrases. Employez le **conditionnel passé** et **le plus-que-parfait.**

1. Si tu _____ (se lever) à l'heure, Timothy, nous _____ (ne ... pas / partir) si tard.

2. Si nous _____ (faire) des réservations pour le train, nous _____ (ne ... pas / devoir) voyager debout (*standing up*).

3. Si je _____ (écouter) maman, je _____ (ne ... pas / oublier) d'apporter un parapluie.

4. Nous _____ (s'amuser mieux) si nous _____ (avoir) un plan de la ville.

5. Si je _____ (savoir) que Timothy marchait si lentement, je _____ (visiter) les musées toute seule!

B. **C'est à vous.** Complétez les phrases suivantes.

1. Si je n'avais pas choisi d'étudier le français_____

_____

2. Si j'avais su que _____

_____

3. Si nous avions eu le temps_____

_____

4. J'aurais pu m'amuser mieux ce week-end si_____

_____

5. Mes amis m'auraient rendu très heureux/se si _____

_____

STRUCTURE II

Pour faire référence à quelqu'un ou à quelque chose: les pronoms démonstratifs

A. **Oreille indiscrète.** Vous écoutez des bouts de conversation et essayez de deviner de quoi ou de qui on parle. Choisissez le nom le plus logique pour chaque pronom démonstratif.

1. _____ Cela n'est pas normal.   a.   cette robe

2. _____ Celle-là ?   Elle dit des bêtises.   b.   cet homme

3. _____ Celle-là?   Elle est trop longue.   c.   cette nouvelle

4. _____ Ecoutez ceci!   d.   cette femme

5. _____ Ecoutez celui-là!   e.   cette réaction

B. **Comparaisons.** Comparez les choses suivantes en employant la forme correcte du pronom démonstratif.

1. les films de Hollywood / les films de France

   _____

   _____

2. les tableaux de Picasso / les tableaux de Monet

   _____

   _____

3. les bâtiments de Paris / les bâtiments de votre ville

   _____

   _____

4. les émissions de télé d'aujourd'hui / les émissions de télé de votre enfance

_____

_____

INTERACTION II: Tous les métiers se valent

AUTREMENT DIT

A. **Souvenirs.** Complétez les phrases.

1. J'ai de très bons souvenirs de _____.

2. Je ne suis pas certain/e des détails, mais _____.

3. Je n'oublierai jamais _____.

4. Est-ce que tu te souviens _____?

5. Mes amis ne vont jamais oublier _____.

STRUCTURE III

Pour exprimer l'antériorité: le passé du subjonctif

A. **Après la fête.** Vos amis viennent de vous donner une petite fête d'anniversaire mémorable. Complétez les phrases en employant **le passé du subjonctif** ou **l'infinitif passé**.

1. Je suis très content/e que tous mes amis / venir.

_____

2. Je ne suis pas sûr/e que nous / finir le gâteau.

_____

3. Je suis ravi/e que je / recevoir tant de beaux cadeaux.

_____

4. J'ai peur que Dominique / ne ... pas s'amuser.

_____

5. Je regrette que nous / laisser ton appartement en désordre.

_____

6. Monique a dit qu'elle est désolée qu'elle / ne ... pas vous aider à faire la vaisselle.

_____

B. **Regrets.** Parlez de votre journée d'hier en complétant les phrases suivantes.

1. Je regrette que ...

_____

2. J'aurais préféré ...

_____

3. J'ai peur que ...

_____

4. Je suis content/e de ...

_____

STRUCTURES IV et V

Pour exprimer le doute ou l'incertitude: le subjonctif après les antécédants indéfinis
Pour exprimer une opinion: le subjonctif dans les propositions relatives

A. **Possibilités et réalités.** Complétez les phrases en employant le subjonctif ou l'indicatif.

1. Je ne connais personne qui _____

2. Pourtant, je connais quelqu'un qui _____

3. Je cherche un appartement qui _____

4. J'ai déjà un appartement / une chambre qui _____

5 Je cherche un travail qui _____

COMPOSITION: Une situation délicate

SITUATION

Mettez-vous à la place de Chantal ou de Gaston, le jeune couple dont on a parlé dans le premier dialogue du chapitre. Vous avez entendu que Mme Lalande, une vieille femme que vous avez toujours respectée, se mêle trop de vos affaires. On vous a raconté tout ce qu'elle avait dit. Vous voulez lui faire des reproches sans la blesser. Relisez le premier dialogue du chapitre avant de commencer.

PRÉPARATION

A. **Bêtises.** Qu'est-ce que Mme Lalande n'aurait pas dû dire? Citez deux phrases.

1. _____

2. _____

B. **Reproches.** Faites-lui deux reproches en employant des expressions de l'**Autrement dit.**

    1. _____

    2. _____

C. **La vie a changé.** Mme Lalande ne comprend pas que la vie a changé depuis sa jeunesse. Mentionnez-lui deux différences importantes entre les jeunes de son temps et les jeunes d'aujourd'hui.

    1. _____

    2. _____

D. **Regrets.** Exprimez deux regrets que cette situation a provoqués.

    1. Je regrette _____

    2. Je suis désolé/e _____

E. **Tout est bien qui finit bien.** Ecrivez deux phrases avec lesquelles vous pourrez terminer la lettre sur un ton amical et sociable.

    1. Je suis sûr/e que _____

    2. J'espère que _____

COMPOSEZ

La lettre. Maintenant écrivez votre lettre.

CHAPITRE 10

Ouvertures internationales
L'état et le monde

INTERACTION I: *L'union européenne: utopie ou réalité?*

AUTREMENT DIT

A. **La C.E.E.**   Répondez aux questions suivantes par des phrases complètes.

1.   Qu'est-ce qui unit les pays de la C.E.E.?

_____

_____

_____

2.   Dans quelle mesure les Français se sentent-ils impliqués dans la Communauté?

_____

_____

_____

3.   Sur quels plans l'Europe pourrait-elle se renforcer en tant que communauté?

_____

_____

_____

4. Pensez-vous que l'Europe doive se créer une identité culturelle, ou est-ce qu'il vaudrait mieux qu'elle défende ses particularismes?

_____

_____

_____

5. A votre avis, les Américains ont-ils une identité plutôt nationale ou régionale?

_____

_____

GRAMMAIRE DE BASE

A. **Projets de vacances.** Remplissez le blanc par *pour, pendant, en, dans,* ou *depuis.*

1. Tu sais, Camille cherche une robe pour le mariage de sa sœur _____ quinze jours!

2. Moi, je pourrais en trouver une _____ un après-midi.

3. Elle est perfectionniste. Une fois, j'ai passé toute la journée à faire les courses avec elle. Elle avait invité des collègues à dîner chez elle, et elle voulait que tout soit absolument parfait. Elle a regardé les pâtisseries _____ une demi-heure avant de décider de faire une mousse au chocolat elle-même.

4. Je n'en sais rien, mais si elle ne trouve pas la robe idéale _____ une heure, elle va rater le mariage de Jeannine!

B. **Un nouvel appartement.** Complétez les phrases en choisissant la préposition qui convient et en faisant tous les changements nécessaires.

1. Mettons le tapis *(rug)* _____ la table basse. (sous / sur)

2. Si nous mettons l'armoire _____ la fênetre, il n'y aura pas assez de lumière dans la chambre. (sur / devant)

3. Mettons l'horloge _____ l'affiche. (sur / au–dessus de)

 Chapitre 10

4. Il vaudrait mieux mettre la télé _____ le/du sofa. (derrière / en face)

5. Il faut que je mette une petite lampe _____ mon lit. (en dessous de / à côté de)

STRUCTURE I

Pour exprimer les rapports de temps et de cause: la forme verbale après les conjonctions

A. Les listes. Remplissez le blanc en conjuguant le verbe entre parenthèses à la forme correcte.

1. Je n'aborde aucun projet sans _____ (écrire) une liste de choses à faire.

2. Puis, je travaille jusqu'à ce que je _____ (réussir) à biffer (*cross out*) chaque mot qui figure sur ma liste.

3. Avant d(e) _____ (aller) au supermarché, je regarde dans le frigo et tous les placards, et je fais une liste des aliments dont j'ai besoin.

4. Je fais une liste avant de faire du camping avec mes amis pour que nous _____ (savoir) que nous n'avons rien oublié.

5. C'est une bonne idée d'avoir des listes pour tous les projets, à moins que vous _____ (avoir) tendance à ne pas les regarder.

B. C'est à vous. Complétez les phrases suivantes.

1. J'aimerais habiter cette ville jusqu'à ce que _____

   _____

2. J'aime voyager à condition que _____

   _____

3. Mes amis me disent souvent: «Tu n'aurais pas dû faire ça sans _____

   _____

4. J'aurai plus de temps libre _____

5. Je vais continuer à faire ces exercices de français jusqu'à ce que _____

_____

STRUCTURE II

Pour situer dans le temps: les prépositions de temps

A. **Le bon vieux temps.** Remplissez les blancs avec les prépositions ou les articles nécessaires. Mettez Ø s'il ne faut rien écrire.

1. _____ le temps, la vie était plus simple.

2. A partir _____ vingtième siècle, la vie est trop compliquée à cause de la technologie.

3. _____ vendredi matin, par exemple, j'ai reçu deux coups de téléphone pas du tout urgents avant de prendre le petit déjeuner.

4. Puis le four à micro-ondes est tombé en panne et il fallait que je cherche dans toute la ville un dépanneur qui voulait travailler _____ week-end.

5. _____ l'avenir, je n'achèterai plus d'appareils électroniques ... sauf un répondeur!

B. **Interview.** Répondez par des phrases complètes.

1. Qu'est-ce que vous préférez ne pas faire le samedi?

_____

2. Qu'est-ce que vous allez faire samedi?

_____

3. Vers quelle heure préférez-vous faire de l'exercice ou du sport?

_____

4. Pensez à un/e ami/e que vous n'avez pas vu/e depuis longtemps. Qu'est-ce qu'il/elle a sans doute déjà fait?

_____

5. A quel siècle auriez-vous aimé vivre?

_____

INTERACTION II: Une Guadeloupe indépendante?

AUTREMENT DIT

A. **Situations.** Dans quelles situations et avec quelles personnes est-ce que vous aimeriez utiliser les expressions suivantes?

1. Ne me parle pas sur ce ton!_____

_____

2. Oh là là! Je n'en reviens pas! _____

_____

3. Tu as du culot, toi! _____

_____

4. Tu as l'air en pleine forme!_____

_____

5. Ce n'est pas possible! _____

_____

STRUCTURE III

Pour rapporter le discours de quelqu'un: le discours indirect

A. Une rencontre inattendue. Votre ami, Sarah, a rencontré un acteur célèbre. Elle vous raconte son anecdote au téléphone. Puis, vous racontez son expérience à un autre ami. Transformez les phrases suivantes en utilisant le discours indirect.

Modèle: «Je faisais des courses au centre commercial.»
Vous: Elle m'a dit qu'elle faisait des courses au centre commércial.

1. «Je venais d'acheter une chemise pour Thierry.»

   _____

2. «J'avais décidé de rentrer chez moi...»

   _____

3. «...Quand soudain, il est entré dans la boutique!»

   _____

4. «Il portait des lunettes de soleil....mais je l'ai reconnu!»

   _____

5. «Je serais partie tout de suite...»

   _____

6. « ... Mais il m'a demandé mon opinion d'une chemise qu'il regardait!»

   _____

7. «Puis, je lui ai demandé son autographe ...»

   _____

 Chapitre 10

bien!»

_____

,

_____

is plus les films de cet égoïste!»

_____

urs rapportés. Répondez aux questions suivantes en employant le **discours indirect.**

1. Est-ce que vous avez reçu un compliment récemment? Qu'est-ce qu'on vous a dit?

   _____

2. Est-ce que vous avez posé une question à un professeur récemment? Qu'est-ce que vous lui avez demandé?

   _____

3. Est-ce que vous avez parlé à un vendeur ou à une vendeuse récemment? Qu'est-ce qu'il/elle vous a dit?

   _____

4. Si vous pouviez parler au président, qu'est-ce que vous lui diriez?

   _____

5. Si vous dîniez chez un/e ami /e et vous n'aimiez pas le plat qu'il/elle avait préparé, qu'est-ce que vous lui diriez?

   _____

STRUCTURE IV

Pour narrer: récapitulation des temps du verbe

A. **La lecture.** Complétez les phrases en remplissant le blanc avec la forme correcte du verbe.

1. Quand j(e) _____ (être) petite, mon père me _____ (lire) une histoire chaque soir à l'heure du coucher.

2. J'écoutais jusqu'à ce que je _____ (s'endormir), et puis je _____ (faire) de beaux rêves.

3. C'est pour cette raison sans doute que j(e) _____ (avoir) une imagination si riche pendant mon enfance, et que j(e) _____ (adorer) lire depuis si longtemps.

4. Si mon père _____ (ne ... pas / prendre) le temps de me lire des histoires quand j'étais petite, peut-être que je _____ (ne ... jamais / écrire) un roman moi-même!

5. Aujourd'hui, je _____ (lire) dans l'avion, dans le bus, dans le jardin ... et j'espère que quand je _____ (être) vieille, j(e) _____ (avoir) même plus de temps à passer à lire et à écrire.

B. **Le Petit Chaperon Rouge** (*Little Red Riding Hood*). Complétez l'histoire du Petit Chaperon Rouge en écrivant la forme correcte du verbe entre parenthèses.

1. Il était une fois une fille qui _____ (porter) toujours un chaperon rouge, donc tout le monde l'_____ (appeler) le Petit Chaperon Rouge.

2. Un jour, la mère du Petit Chaperon Rouge lui _____ (donner) des friandises à apporter à sa grand-mère qui _____ (être) malade.

3. Le Petit Chaperon Rouge _____ (ne ... jamais / aller) chez sa grand-mère toute seule, donc elle en _____ (être) très fière!

4. Pendant qu'elle _____ (se promener) dans la forêt, le Petit Chaperon Rouge _____ (rencontrer) un méchant loup (*wolf*).

5. Bien que sa mère lui _____ (dire) de ne pas parler aux inconnus, le Petit Chaperon Rouge _____ (répondre) volontiers à toutes les questions du loup.

6. Elle lui _____ (dire) qu'elle _____ (aller) chez sa grand-mère, et lui a même donné l'adresse!

7. Quand elle _____ (arriver) chez sa grand-mère, elle _____ (ne ... pas / savoir) que le loup _____ (déjà / manger) sa grand-mère, et qu'il _____ (se cacher) dans son lit.

 Chapitre 10

8. Vous savez le reste! Le Petit Chaperon Rouge _____ (devoir) suivre les conseils de sa mère, n'est-ce pas?

9. Est-ce une bonne histoire pour les enfants? Si j(e) _____ (être) petite, j(e) _____ (avoir) grande peur des loups qui parlent et j(e) _____ (hésiter) à traverser les forêts toute seule!

10. Quand même, je _____ (comprendre) depuis longtemps qu'il y a toutes sortes de «loups» auxquels il faut faire attention — et pas seulement dans la forêt!

COMPOSITION: Un conte de fées *(a fairy tale)*

SITUATION

Vous allez écrire une version moderne d'un conte de fées que vous connaissez bien.

PRÉPARATION

A. **Quel conte?** Si vous êtes américain/e, vous vous souvenez sans doute de certains des contes suivants: *Cendrillon, La Belle est la bête, Blanche Neige, Le Petit Chaperon Rouge.* Si vous venez d'un autre pays, vous vous souvenez sans doute d'autres contes ou fables. Ecrivez les titres (approximatifs) de quelques contes de fées que vous connaissez:

_____

_____

_____

_____

B. **Les personnages.** Choisissez le conte que vous voulez imiter, et faites la liste de ses personnages principaux:

_____

_____

_____

_____

C. **Le personnage principal.** Qui est le personnage principal? Quelles sont ses qualités et ses faiblesses?

_____

_____

_____

D. **Les scènes.** Où se passent les scènes les plus importantes dans ce conte? (dans un bois, dans un château, dans une maison simple ...)

_____

_____

_____

E. **Le récit.** Identifiez les éléments importants du récit:

1. Y a-t-il un problème à résoudre? Expliquez._____

_____

2. Y a-t-il une tâche (*task*) à faire ou un but (*goal*) ? Expliquez. _____

_____

3. Y a-t-il des objets enchantés, magiques? _____

_____

4. Y a-t-il une formule magique (*magic words*) à prononcer? _____

_____

 Chapitre 10

Nom _____ Classe _____ Date _____

5. Y a-t-il des conseils ou des avertissements importants? Qui les donne à qui? _____

_____

6. Y a-t-il des difficultés que le héros ou l'héroïne aurait pu éviter s'il/elle avait écouté ces conseils?

_____

_____

7. Est-ce que le conte illustre une morale? Laquelle? _____

_____

F. **Transformation.** Maintenant, situez le conte dans le contexte de notre société d'aujourd'hui. Quels éléments de l'histoire voulez-vous changer? Qu'est-ce que vous voulez garder (keep) du conte original? Voulez-vous changer la morale de l'histoire? Prenez des notes sur les éléments suivants de votre nouveau conte de fées:

1. **La morale:** _____

_____

_____

2. **Le personnage principal.** Qui est le personnage principal? Quelles sonts ses qualités et faiblesses?

_____

_____

_____

3. **Les personnages.** Qui sont les autres personnages importants?

_____

_____

_____

4. **Les scènes.** Où se passent les scènes les plus importantes dans votre conte?

_____

_____

5. Y a-t-il un problème à résoudre? Expliquez._____

_____

6. Y a-t-il une tâche à faire ou un but? Expliquez. _____

_____

7. Y a-t-il des objets enchantés, magiques? _____

_____

8 Y a-t-il une formule magique à prononcer? _____

_____

9. Y a-t-il des conseils ou des avertissements importants? Qui les donne à qui? _____

_____

10. Y a-t-il des difficultés que le héros ou l'héroïne aurait pu éviter s'il/elle avait écouté ces conseils?

_____

_____

11. Quel est le titre de votre conte? _____

_____

COMPOSEZ

Un conte original. Maintenant, écrivez votre conte de fées au passé. Révisez le discours direct et indirect (**Structure III**) et la récapitulation des temps du verbe (**Structure IV**).

Cahier de laboratoire

CHAPITRE 1

Au seuil de la culture
L'enfant et la famille

PRONONCIATION

L'égalité rythmique

La syllabation ouverte

In English, every word has one syllable that is pronounced louder than the others. This syllable, which is said to receive *primary stress*, may occur anywhere in a word. In addition to primary stress, words of more than one syllable usually contain a *secondary*, less prominent stress. The remaining syllables are unstressed, with no prominence of any kind.

In French, all syllables in a word receive approximately the same amount of intensity. The last syllable of a word or phrase may be lengthened, or you may notice a change in pitch. Listen to exercise A and compare the rhythm of English and French words.

In French, more syllables end in a vowel sound than in English. Syllables that end in a vowel sound are called *open syllables*. Compare English to French:

English	*French*
an-i-mal	a-ni-mal
civ-i-li-za-tion	ci-vi-li-sa-tion
dis-as-ter	dé-sa-stre

You may wish to familiarize yourself with the rules for syllable division in French[1], although you will not need them to perform the exercises in the following section. Following your teacher's model is the best strategy at this point.

_____

[1]To divide words into syllables in French, follow these rules:

1. A syllable division falls between a vowel and a single following pronounced consonant: fi-nir; ai-mer; hô-tel.
2. A syllable division falls between two consonants, except in the case noted in (3): par-tir; sor-tir; Belgique.
3. The group *consonant + r / l / semi-consonant* is never divided. The syllable division falls between the preceding vowel and this cluster: pa-trie, a-ffreux, mon-trer.
4. In French, more syllables end in a vowel sound than in English.

Conseils Pratiques

• Pronounce all syllables in a French word with equal length: do not make one louder than the others and do not "swallow" any.

• Follow the French tendency to end syllables in vowel sounds.

Pratique

A. **Le rythme.** Listen and compare the rhythm of English and French words.

English	*French*
international	international
natural	naturel
journaliste	journaliste
education	éducation
responsibility	responsabilité

B. **L'égalité rythmique.** Pronounce the following French words, paying careful attention to maintaining an equal rhythm and intensity in the articulation of each syllable.

Ouvertures attitude américain international civilsation automobile philosophique

Je vous sers encore un peu de rôti? Quand on mange, on ne cache pas les mains

sous la table. On ne veut pas que les enfants fassent honte aux parents.

C. **La syllabation ouverte.** Pronounce the following words. Listen for the open syllabification.

po-ssi-bi-li-té pho-to-gra-phie cha-ri-té a-gi-ta-tion u-ni-ver-si-té é-ga-li-té

in-té-re-ssant

 Chapitre 1

INTERACTION I: La leçon de conduite

AUTREMENT DIT

A. **Formel ou familier?** Indiquez si on parle à un/e ami/e ou à la mère d'un/e ami/e.

1. **a.** à un ami   **b.** à la mère d'un ami

2. **a.** à un ami   **b.** à la mère d'un ami

3. **a.** à un ami   **b.** à la mère d'un ami

4. **a.** à un ami   **b.** à la mère d'un ami

5. **a.** à un ami   **b.** à la mère d'un ami

6. **a.** à un ami   **b.** à la mère d'un ami

B. **Qui est-ce?** Identifiez les personnes suivantes en utilisant le vocabulaire de l'**Autrement dit.**

Modèle:	Vous entendez:	C'est un petit garçon qui a perdu ses parents.
	Vous dites:	**C'est un orphelin.**
	Vous vérifiez:	**C'est un orphelin.**

STRUCTURE I

Pour poser une question: les pronoms interrogatifs

A. **Jeopardy.** Ecoutez les réponses et choisissez la question appropriée.

Modèle:	Vous lisez:	(une fourchette)
	Vous entendez:	Nous mangeons des frites avec une fourchette.
	Vous dites:	**Avec quoi est-ce que vous mangez des frites?**
	Vous vérifiez:	**Avec quoi est-ce que vous mangez des frites?**

1. (au restaurant)

2. (nos amis)

3. (le dessert)

4. (un digestif)

5. (une boisson)

STRUCTURE II

Pour conseiller: l'impératif

A. **Singulier ou pluriel?** Indiquez si on parle à un individu ou à un groupe.

1. **a.** à un groupe   **b.** à un individu
2. **a.** à un groupe   **b.** à un individu
3. **a.** à un groupe   **b.** à un individu
4. **a.** à un groupe   **b.** à un individu
5. **a.** à un groupe   **b.** à un individu
6. **a.** à un groupe   **b.** à un individu

B. **Formel ou familier?** Indiquez si on parle à un ami ou un individu avec qui on est moins intime.

1. **a.** à un ami   **b.** à quelqu'un avec qui on est moins intime
2. **a.** à un ami   **b.** à quelqu'un avec qui on est moins intime
3. **a.** à un ami   **b.** à quelqu'un avec qui on est moins intime
4. **a.** à un ami   **b.** à quelqu'un avec qui on est moins intime
5. **a.** à un ami   **b.** à quelqu'un avec qui on est moins intime
6. **a.** à un ami   **b.** à quelqu'un avec qui on est moins intime

INTERACTION II: Pas si sévères, après tout ...

AUTREMENT DIT

A. **Qu'est-ce qu'on fait?** Indiquez si les personnes qui parlent arrivent ou s'ils partent.

1. **a.** on arrive   **b.** on part
2. **a.** on arrive   **b.** on part
3. **a.** on arrive   **b.** on part

 Chapitre 1

4. **a.**   on arrive   **b.**   on part

5. **a.**   on arrive   **b.**   on part

6. **a.**   on arrive   **b.**   on part

STRUCTURE III

Pour exprimer le rapport entre deux actions: le participe présent

A. **Pauvre Philippe!** Philippe fait toujours deux choses en même temps. Répondez aux questions sur Philippe en employant le participe présent du verbe indiqué.

> **Modèle:**   Vous lisez: (regarder la télévision)
>   Vous entendez: Comment fait-il ses devoirs?
>   Vous dites: **Il fait ses devoirs en regardant la télévision.**
>   Vous vérifiez: **Il fait ses devoirs en regardant la télévision.**

1. (manger)
2. (travailler)
3. (écouter la radio)
4. (parler au téléphone)
5. (faire la cuisine)
6. (chanter)

STRUCTURE IV

Pour exprimer la continuation d'une action: le temps présent + depuis

A. **Que le temps passe vite!** On vous pose des questions sur vos voisins. Ecoutez la question et répondez en employant *depuis* et l'expression de temps entre parenthèses.

> **Modèle:**   Vous lisez: (5 ans)
>   Vous entendez: Depuis combien de temps est-ce que Mme Chevalley est veuve?
>   Vous dites: **Elle est veuve depuis 5 ans.**
>   Vous vérifiez: **Elle est veuve depuis 5 ans.**

1. (2 mois)
2. (le mois de juin)
3 (longtemps)
4. (son enfance)
5. (3 ans)
6. (une semaine)

DICTEE

Une lettre. Après avoir dîné chez les Blanchard, Tom écrit une lettre pour remercier son hôtesse, Madame Blanchard. Ecrivez les phrases que vous entendez.

Chère Madame,
Je vous remercie mille fois de m'avoir invité à dîner samedi soir.

1. _____

2. _____

3. _____

4. _____

5. _____

6. _____

7. _____

Tom

 Chapitre 1

CHAPITRE 2

Passage vers la communication
Perspectives interculturelles

PRONONCIATION

L'enchaînement consonantique

Les liaisons obligatoires

In French, word-final consonants are usually silent, except for short words ending in *-c, -r, -f,* and *-l* , where the final consonant is usually pronounced: *lac, bar, œuf, il* . Within a phrase group, these final pronounced consonants are linked to a following vowel sound: *Il adore Anick* [i.la.dɔ.Ra.nik]. This phenomenon is called *enchaînement*. As a result of *enchaînement*, word boundaries are lost, making the phrase the basic unit of articulation. In the preceding phrase, how many words are written? How many "words" would you hear?

Within a phrase, final consonants that are normally silent may be pronounced when followed by a word beginning with a vowel sound. This is known as *liaison* . The most common cases of *liaison* are presented below:

Spelling	*Pronunciation*	*Examples*
-s, -x	/z/	les enfants /lezãfã/
		deux enfants /døzãfã/
-d	/t/	grand enfant /grãtãfã/
-n	/n/[1]	bon enfant /bõnãfã/
		mon enfant /mõnãfã/

When or when not to make *liaison* is a very complicated issue. In general, *liaison* is always made in the following cases:

(1) After a determiner:[2] *un ami, ces amis*

(2) Before or after a pronoun: *vous aimez, je les aime*

---

[1]   In most cases, the nasal vowel denasalizes in *liaison*. Exceptions include the possessive adjectives (*mon, ton,* etc.), adverbs (e.g., *bien*) and prepositions (*en,* for example).

[2]   Determiners are the definite and indefinite articles, possessive adjectives (see above), interrogative and demonstrative adjectives (*quel* and its forms; *ce* and its forms.)

(3) After an adjective that precedes the noun: *ces bons amis*

(4) After a one-syllable preposition: *en avion*

(5) After some one-syllable adverbs: *très intéressant, plus important*

(6) After the verb form *est* : *Il est ici.*

While these cases represent obligatory liaisons, (*les liaisons obligatoires*), there are other cases where liaison is optional (*les liaisons facultatives*) or "forbidden" (*les liaisons interdites*). Since *liaison* is such a complicated matter, you would do best to follow your teacher's model.

Conseils Pratiques

• Since *enchaînement* and *liaison* "break down" word boundaries, the phrase becomes the basic unit of articulation. You will be able to listen more effectively in French if you listen for phrases rather than words.

• Be sure to make all the *enchaînements* and *liaisons* in a phrase group; avoid a choppy, word-by-word articulation.

• Try to create as many open syllables as possible by "pushing forward" the final consonant sound of a word to the following vowel sound: *Vos amis adorent écouter les oiseaux:* [vo-za-mi. a-dɔ-Re-ku-te. le-zwa-zo].

Pratique

A. L'enchaînement. Pronounce the following sentences, paying particular attention to the linking of final pronounced consonants to the following vowel sound.

Il a une petite amie; il sort toujours avec elle.

A quelle heure est-ce que vous allez à l'exposition de cet artiste?

Mon cher ami arrive en avion à quatre heures.

B. La liaison. Pronounce the following sentences, listening carefully to the linking of normally silent final consonants to the following vowel sound.

D'une part, vous avez la réputation d'être de grands enfants ... et d'autre part, on vous accuse d'être matérialistes.

Nous avons moins de congés payés.

Nous n'abandonnons pas nos emplois.

Ils envient ces deux amoureux.

Est-ce que les Américains ramènent tout à l'amour?

 Chapitre 2

INTERACTION I: Vive la différence!

AUTREMENT DIT

A. **Spécialités régionales.** Ecoutez et indiquez quel plat les personnes qui parlent vont préparer.

    a. le couscous
    b. la côte de veau à la crème

    c. la carbonade flamande
    d. la choucroute garnie

1. _____

2. _____

3. _____

4. _____

5. _____

B. **Content ou mécontent.** Indiquez si les personnes qui parlent sont contents ou mécontents de leur repas.

1.   **a.** content   **b.** mécontent

2.   **a.** content   **b.** mécontent

3.   **a.** content   **b.** mécontent

4.   **a.** content   **b.** mécontent

5.   **a.** content   **b.** mécontent

6.   **a.** content   **b.** mécontent

7.   **a.** content   **b.** mécontent

STRUCTURE I

Désigner et généraliser: l'emploi de l'article défini

A. **Vous avez faim.** Vous regardez la carte avec un ami qui vous demande ce que vous aimez. En effet, vous aimez tout, et vous allez prendre de tout. Suivez le modèle.

    Modèle: Vous entendez: Tu aimes le vin blanc?
                  Vous dites: Oui, j'aime le vin blanc. Je vais prendre du vin blanc.
                  Vous vérifiez: Oui, j'aime le vin blanc. Je vais prendre du vin blanc.

B. **Vous n'avez plus faim.** Maintenant répondez au négatif. Suivez le modèle.

Modèle:	Vous entendez:	Tu aimes le vin blanc?
	Vous dites:	Non, je n'aime pas le vin blanc. Je ne vais pas prendre de vin blanc.
	Vous vérifiez:	Non, je n'aime pas le vin blanc. Je ne vais pas prendre de vin blanc.

STRUCTURE II

Nier et limiter: la double négation

A. **Diane et Didier.** Diane fait tout comme il faut. Par contre, Didier a des difficultés. Ecoutez ce que Diane fait et dites ce que Didier fait en employant une expression négative.

Modèle:	Vous entendez:	Diane a déjà fait la vaisselle (ne...pas encore)
	Vous dites:	Didier n'a pas encore fait la vaisselle.
	Vous vérifiez:	Didier n'a pas encore fait la vaisselle.

1. Diane arrive toujours à l'heure. (ne...jamais)
2. Diane a deux dictionnaires. (ne...que)
3. Diane boit toujours de l'eau. (ne...jamais)
4. Diane offre des cadeaux à tout le monde. (ne...rien...personne)
5. Diane n'aime pas la bière. (ne...que)

INTERACTION II: Mésententes cordiales

AUTREMENT DIT

A. **Comme deux gouttes d'eau.** Robert et sa sœur se ressemblent beaucoup. Ecoutez les déscriptions de Robert, et décrivez sa sœur.

Modèle:	Vous entendez:	Robert a les cheveux blonds.
	Vous dites:	Sa sœur a les cheveux blonds.
	Vous vérifiez:	Sa sœur a les cheveux blonds.

B. **Comme l'eau et le feu.** Eric ne ressemble pas du tout à sa sœur. Ecoutez les descriptions d'Eric, et décrivez sa sœur.

Modèle:	Vous entendez:	Eric a les cheveux noirs.
	Vous dites :	Sa sœur a les cheveux blonds.
	Vous vérifiez:	Sa sœur a les cheveux blonds.

Chapitre 2

STRUCTURE III

Pour décrire: la forme des adjectifs

A. **Claude ou Claude?** Est-ce qu'on parle de Claude, la fille des Grimaud, ou de Claude, leur neveu?

1. **a.** On parle de la fille des Grimaud. **b.** On parle de leur neveu.

2. **a.** On parle de la fille des Grimaud. **b.** On parle de leur neveu.

3. **a.** On parle de la fille des Grimaud. **b.** On parle de leur neveu.

4. **a.** On parle de la fille des Grimaud. **b.** On parle de leur neveu.

5. **a.** On parle de la fille des Grimaud. **b.** On parle de leur neveu.

6. **a.** On parle de la fille des Grimaud. **b.** On parle de leur neveu.

STRUCTURE IV

Pour décrire: la forme et la position des adjectifs [suite]

A. **Avez vous compris?** Ecoutez les phrases et choisissez l'explication logique.

1. **a.** C'est un quartier dangéreux. **b.** L'adresse n'est pas correcte.

2. **a.** Ce camarade de chambre est vieux. **b.** Ce n'est plus mon camarade de chambre.

3. **a.** Marie sort exclusivement avec Marc. **b.** Marc n'a pas beaucoup d'amis.

4. **a.** Cet ami m'est très important. **b.** Cet ami est riche.

5. **a.** Elle n'a pas d'argent. **b.** Elle n'a pas de chance.

6. **a.** Cette voiture n'est pas sale. **b.** Cette voiture est à moi.

DICTEE

Un journal intime. Tom écrit dans son journal intime. Ecrivez les phrases que vous entendrez.

1. _____

2. _____

3. _____

4. _____

5. _____

6. _____

7. _____

8. _____

9. _____

10. _____

11. _____

12. _____

13. _____

14. _____

15. _____

CHAPITRE 3

Accès à la formation de l'esprit
L'enseignement

PRONONCIATION

Les groupes rythmiques

L'intonation

You have seen how word boundaries are "broken down" into larger units due to *liaison* and *enchaînement*. These larger units are called **stress** or **rhythmic** groups (*les groupes rythmiques*). Rhythmic groups are normally composed of 2-7 syllables and correspond to a grammatical unit, such as a noun phrase, a prepositional phrase, etc. In the following examples, rhythmic groups are separated by double slashes:

Regarde ce qui est arrivé // à mon cousin Robert // l'année dernière.

Il n'a rien fait // pendant l'année.

The last syllable of a rhythmic group is subject to lengthening and a change of pitch. *All* pre-final phrase groups have *rising* intonation. Final phrase groups in declarative sentences have *falling* intonation:

Si j'échoue // ma vie est ratée.

Tu as très bien travaillé // pendant toute l'année.

Information questions, exclamations as well as imperatives have *falling* intonation on the final rhythmic group:

Où en étions-nous?

Passe-moi le café.

Pose-nous une autre question.

Ah, les beaux jours du lycée!

Yes/no questions have *rising* intonation on the final rhythmic group:

Tu passes le bac cette année?

Il n'a même pas été représentable?

Conseils Pratiques

- Give each syllable in a rhythmic group equal length; do not make one more prominent, or pronounce any indistinctly.

- Be sure to give each pre-final rhythmic group *rising* intonation; learn the patterns given above for final rhythmic groups.

- Do not break up the sentence into too many rhythmic groups, giving it a choppy delivery. Listen closely to a good model for guidance.

Pratique

Les groupes rythmiques. Listen to and pronounce the following passage from the dialogue, paying close attention to rhythmic groups and the associated intonation patterns.

— Pour moi, rien n'a été plus horrible que la préparation pour l'examen du bac, en juin dernier.

— Georges ne serait pas d'accord. Savez-vous ce qui lui est arrivé? Il voulait s'inscrire à la Sorbonne. Il m'a dit qu'il va faire le nécessaire. Il croyait donc être inscrit. Eh bien, pas du tout! Il ne figurait sur aucune liste de la Sorbonne. Il avait pourtant fait toutes les démarches.

— Alors, qu'est-ce qu'il a fait?

INTERACTION I: Le fameux bac

AUTREMENT DIT

A. **Les études.** Ecoutez la question et indiquez la réponse logique.

1. **a.** Je me spécialise en sciences politiques.   **b.** Je suis un cours d'histoire.

2. **a.** J'ai écrit deux mémoires l'année dernière.   **b.** Je suis en deuxième année.

3. **a.** Je suis trois cours de langues et un cours de littérature.   **b.** Je suis content.

4. **a.** Non, il est obligatoire.   **b.** La fac est près du centre ville.

5. **a.** C'est ça. Je me suis fait coller.   **b.** J'ai reçu une douzaine de roses.

6. **a.** Je me spécialise en chimie.   **b.** J'ai séché le cours.

STRUCTURE I

Pour narrer au passé: l'emploi du passé composé

A. **Le temps passe vite.** Répondez aux questions en employant le passé composé + il y a + l'expression de temps donné.

Modèle: Vous lisez: (deux heures)
                  Vous entendez: Quand est-ce que Didier est parti?
                  Vous dites: **Il est parti il y a deux heures.**
                  Vous vérifiez: **Il est parti il y a deux heures.**

1. (six mois)

2. (quinze jours)

3. (dix jours)

4. (trois jours)

5. (deux jours)

6. (quelques minutes)

STRUCTURE II

Pour narrer au passé: le plus-que-parfait

A. **Un échec.** On vous pose des questions pour savoir pourquoi vous avez reçu une mauvaise note. Répondez en employant le plus-que-parfait et les éléments donnés.

Modèle: Vous entendez: Vous aviez bien étudié avant l'examen final?
                  Vous dites: **Oui, j'avais bien étudié avant l'examen final.**
                  Vous vérifiez: **Oui, j'avais bien étudié avant l'examen final.**

INTERACTION II: Ah, les beaux jours ...

STRUCTURE III

Pour lier les éléments de la phrase: verbe + infinitif

A. **Encore un échec.** On veut savoir pourquoi Didier a de mauvaises notes. Suivez le modèle et n'oubliez pas d'ajouter la préposition *à* ou *de* si nécessaire.

Modèle:	Vous lisez:	(détester)
	Vous entendez:	Il fait ses devoirs?
	Vous dites:	**Il déteste faire ses devoirs.**
	Vous vérifiez:	**Il déteste faire ses devoirs.**

1. (refuser)

2. (essayer)

3. (avoir l'intention)

4. (commencer)

5. (continuer)

6. (oublier)

STRUCTURE IV

Pour poser une question: le pronom interrogatif lequel

A. **Recommandations personnelles.** Vous venez d'arriver à la fac et on vous donne des conseils. Demandez des précisions en employant une forme de *lequel*.

Modèle:	Vous entendez:	Il faut choisir un bon professeur de maths.
	Vous dites:	**Lequel?**
	Vous vérifiez:	**Lequel?**

DICTEE

Quelle chance! Madame Béatrice Pommier, de Prince-Albert, dans le Saskatchewan, vient de gagner à la loterie. Comment a-t-elle réagi à cette bonne nouvelle? Ecrivez l'histoire que vous entendrez.

1. _____

 Chapitre 3

2. _____

3. _____

4. _____

5. _____

6. _____

7. _____

8. _____

9. _____

10. _____

11. _____

12. _____

13. _____

14. _____

15. _____

CHAPITRE 4

Perspectives sur l'exil
L'immigration et l'assimilation

PRONONCIATION

Le /R/

The French /R/ has no equivalent in English. It is a light *fricative* sound; friction is created in the back of the mouth, in the area you might "gargle". Substituting an American /r/ will produce a strong and unflattering accent.

Orthographe

The /R/ sound is usually written *r* : rire, par, grand.

It may also be written *rr* or *rh* : marre, rhume.

Conseils Pratiques

- To produce the French /R/, place the tip of your tongue against your lower teeth; the back of your tongue will be raised.

- As you pronounce the syllable "ga", move the back of your tongue closer to the back of your mouth.

Pratique

Le 'R' français. Ecoutez et répétez les expressions et mots suivants.

avoir appartement grandi frère aujourd'hui sorte prison pour arrive sortir

On était content d'avoir cet appartement. C'est là où vous avez grandi, ton frère et toi. Aujourd'hui,

c'est devenu une sorte de prison pour nous. On n'arrive plus à en sortir.

Le 'e caduc'

The vowel /ə/ is found in words such as *le* and *mercredi* . It is pronounced with the lips rounded; the tongue is not too high or too low in the mouth and its tip is kept behind the lower teeth.

Orthographe

This vowel is usually spelled *e*: pr*e*nez, faites-l*e*, j*e*ter.

It is spelled *ai* in the verb [nous] *faisons* and derived forms: *faisons*, [elle] *faisait*, etc.

Note that the first syllable of the word *monsieur* contains this vowel: /məsjø/.

This vowel is called *caduc* ('falling'), since it may or may not be pronounced in a word, depending on very complex rules. While you will not need to know these rules to perform the exercises below, here are some guidelines:

Conseils Pratiques

- /ə/ is retained in the pronunciation of a word if its deletion would cause three or more consonants to come together: *vendredi, appartement, gouvernement*

- /ə/ is always dropped at the end of a word or phrase, except with the object pronoun *le* in the affirmative imperative: *classe, ferme le livre but ferme-le*.

- /ə/ is usually retained at the beginning of a phrase: *venez , demandez*.

- /ə/ is retained before the sequence consonant + /j/: *serions, atelier*.

- In a series of one-syllable words containing /ə/, every other one is dropped: *Je me demande, Il te le dit*.

The above observations are generalizations. You may hear examples that seem to contradict them. You may wish to ask your teacher about those particular cases. The best way to master this complex subject is to follow a good model.

Pratique

Le 'e caduc'. Ecoutez et répétez les phrases et mots suivants, en faisant attention à la prononciation ou à la suppression de l'e caduc.

Les étrangers dehors!

Vous voulez me mettre dehors simplement parce que mes parents sont d'origine étrangère.

Je trouve que vous avez du culot de critiquer les Français quand vous profitez de tout ce que la France vous offre.

Je te le répète: tu as ta patrie et j'ai la mienne.

Chapitre 4

INTERACTION I: Où va la France?

AUTREMENT DIT

A. **Les Problèmes sociaux.** Ecoutez les phrases et indiquez le problème dont on parle.

1. **a.** la toxicomanie   **b.** la pollution
2. **a.** l'agression.   **b.** le SIDA
3. **a.** le SIDA   **b.** le racisme
4. **a.** le chômage   **b.** l'ivresse au volant
5. **a.** l'alcoolisme   **b.** le chômage
6. **a.** la pollution   **b.** la délinquance
7. **a.** la pauvreté   **b.** la pollution
8. **a.** l'ivresse publique   **b.** le chômage

STRUCTURE I

Pour faire référence à un élément du discours déjà mentionné: les pronoms y, en; *les pronoms toniques après les prépositions*

A. **A l'aéroport.** Il y a trop de bruit et il faut répéter tout ce que vous dites! La deuxième fois, employez le pronom approprié.

Modèle:	Vous entendez:	Tu as parlé à ton patron?
	Vous dites :	**Tu lui as parlé?**
	Vous vérifiez:	**Tu lui as parlé?**

STRUCTURE II

Pour faire référence à un élément du discours déjà mentionné: les pronoms rélatifs après les prépositions

A. **Une nouvelle camarade de chambre.** Faites une description de Solange, votre nouvelle camarade de chambre, selon les informations données. Commencez vos phrases par «*C'est une personne ...*» et le **pronom relatif** nécessaire. Suivez le modèle.

Modèle:	Vous entendez:	Elle travaille dur.
	Vous dites:	**C'est une personne qui travaille dur.**
	Vous vérifiez:	**C'est une personne qui travaille dur.**

INTERACTION II:
Les immigrés quelques générations plus tard

AUTREMENT DIT

A. **Au contraire!** Vous dites exactment le contraire de ce que vous entendez. Employez des expressions de l'**Autrement dit.**

Modèle:	Vous entendez:	Cet appartement est fabuleux.
	Vous dites:	**Mais non, il est lamentable.**
	Vous vérifiez:	**Mais non, il est lamentable.**

STRUCTURE III

Pour décrire au passé: l'imparfait

A. **Plus ça change ...** Vous comparez la vie d'aujourd'hui au passé tout en insistant que rien n'a changé. Répétez chaque phrase en employant l'imparfait.

Modèle:	Vous entendez:	Aujourd'hui on regarde trop de télévison.
	Vous dites:	**Autrefois aussi, on regardait trop de télévision.**
	Vous vérifiez:	**Autrefois aussi, on regardait trop de télévision.**

STRUCTURE IV

Pour exprimer la possession: les pronoms possessifs

A. **Camarades de chambre.** Remplacez les possessions dont on parlera par le pronom possessif approprié.

Modèle:	Vous entendez:	Ma chambre est plus petite que ta chambre.
	Vous dites:	**Ma chambre est plus petite que la tienne.**
	Vous vérifiez:	**Ma chambre est plus petite que la tienne.**

DICTEE

Autrefois. Un père parle à ses enfants de ses souvenirs de jeunesse. Ecrivez les phrases que vous entendrez.

1. _____

 Chapitre 4

2. _____

3. _____

4. _____

5. _____

6. _____

7. _____

8. _____

9. _____

10. _____

11. _____

12. _____

13. _____

14. _____

CHAPITRE 5

Révélations audiovisuelles
Les médias et les valeurs

PRONONCIATION

Les voyelles /i/, /u/, /y/

/i/

/i/ is a near-equivalent of the vowel in the English word *dean*. However, in English, this vowel sound is accompanied by a glide element like the initial sound in the word *you*, resulting from a movement of the tongue towards the palate: me /mi^j/. The French vowel has no glide; it is pronounced without any movement of the tongue.

Orthographe

In French, this vowel sound is usually spelled with the letter *i* : il nie.

Other spellings include *î* and *y* : dîner, hygiène.

/u/

Likewise, the French /u/ is a near-equivalent of the vowel in the English word *do*. Once again, the English vowel is accompanied by a glide: do /du^w/. The French vowel has no such glide.

Orthographe

/u/ is spelled *ou*, *où* or *oû* : route, où, goûter.

/y/

To pronounce /y/, say /i/ and round your lips.

Orthographe

The sound /y/ is spelled *u* or *û* : tu, dû.

Conseils Pratiques

- Pronounce the sounds /i/ and /u/ without any movement of the tongue; these sounds are tenser and purer than in English.

- Avoid substituting /ju^W/ or /u^W/ for /y/, that is, pronouncing *vu* like the English *view*, or *du* like the English *do*.

Pratique

A. **Anglais ou français?** Indiquez si les mots suivants sont anglais ou français.

	anglais	français
1.	_____	_____
2.	_____	_____
3.	_____	_____
4.	_____	_____
5.	_____	_____
6.	_____	_____

B. **Quelle voyelle?** Indiquez quelle voyelle vous entendez.

	/y/	/u/
1.	_____	_____
2.	_____	_____
3.	_____	_____
4.	_____	_____
5.	_____	_____
6.	_____	_____

C. **Le son /i/.** Ecoutez et répétez les phrases et mots suivants.

Véronique Delphine université cité samedi film chinois lire sous-titre
Véronqiue et Delphine sont à la cité université. Samedi, elles vont voir un film
chinois. Delphine n'aime pas lire les sous-titres.

 Chapitre 5

D. **Le son /u/.** Ecoutez et répétez les phrases et mots suivants.

goût écoute pour nous tout découvert beaucoup douce

Chacun à son goût.

Ecoute! Pour nous, le coût est trop élevé.

J'ai tout découvert dans ses chansons. J'aime beaucoup sa douce voix.

E. **Le son /y/.** Ecoutez et répétez les phrases et mots suivants.

Julie une musique vu réussite celui contenu cruel

Philippe a invité Julie, une amie québecoise, à écouter une cassette de musique africaine.

Tu a vu son dernier clip? C'est une vraie réussite.

Celui-là ne sait pas chanter. Et ses chansons n'ont pas de contenu.

Toi, tu es cruel!

F. **Tout ensemble.** Ecoutez et répétez les phrases suivantes.

Tu as tout vu! Tu me troubles de plus en plus. Il sera de retour dans douze jours.

Où pourrons-nous trouver un bureau de poste? Il suppose que tu tousses beaucoup.

INTERACTION I: Un choix difficile

AUTREMENT DIT

A. **Allons au cinéma.** Ecoutez les phrases et indiquez les réponses logiques.

1.	**a.**	Ça na pas d'importance.	**b.**	Je veux bien.
2.	**a.**	Ne t'en fais pas.	**b.**	C'est en version originale?
3.	**a.**	C'est un film à ne pas manquer.	**b.**	C'est à quel cinéma?
4.	**a.**	Je ne sais pas, mais ... ... il est interdit aux moins de 18 ans.	**b.**	Je ne sais pas, mais ... ... il y a une réduction le jeudi soir.
5.	**a.**	Non, je suis désolé.	**b.**	Non, il y a un tarif réduit.

STRUCTURE I

Pour narrer au passé: l'imparfait [suite]

A. **Des interruptions.** Indiquez si on parle des actions en cours (*in progress*) ou des interruptions.

1. **a.** action en cours   **b.** interruption

2. **a.** action en cours   **b.** interruption

3. **a.** action en cours   **b.** interruption

4. **a.** action en cours   **b.** interruption

5. **a.** action en cours   **b.** interruption

6. **a.** action en cours   **b.** interruption

7. **a.** action en cours   **b.** interruption

8. **a.** action en cours   **b.** interruption

STRUCTURE II

Pour parler du temps: les prépositions pour, pendant, dans, en + *expression temporelle*

A. **Dans combien de temps?** Dites dans combien de temps chaque personne finira sa thèse doctorale.

Modèle:	Vous lisez:	(deux heures)
	Vous entendez:	Et Anne?
	Vous dites:	**Anne finira dans trois ans.**
	Vous vérifiez:	**Anne finira dans trois ans.**

 Chapitre 5

INTERACTION II: Chacun à son goût

STRUCTURE III

Pour narrer au passé: les temps du passé (résumé)

A. **Quels temps?** Indiquez si les phrases que vous entendez sont au **passé composé**, à **l'imparfait,** ou au **plus-que-parfait.**

1. **a.** passé composé   **b.** plus-que-parfait   **c.** imparfait
2. **a.** passé composé   **b.** plus-que-parfait   **c.** imparfait
3. **a.** passé composé   **b.** plus-que-parfait   **c.** imparfait
4. **a.** passé composé   **b.** plus-que-parfait   **c.** imparfait
5. **a.** passé composé   **b.** plus-que-parfait   **c.** imparfait
6. **a.** passé composé   **b.** plus-que-parfait   **c.** imparfait
7. **a.** passé composé   **b.** plus-que-parfait   **c.** imparfait
8. **a.** passé composé   **b.** plus-que-parfait   **c.** imparfait
9. **a.** passé composé   **b.** plus-que-parfait   **c.** imparfait
10. **a.** passé composé   **b.** plus-que-parfait   **c.** imparfait
11. **a.** passé composé   **b.** plus-que-parfait   **c.** imparfait
12. **a.** passé composé   **b.** plus-que-parfait   **c.** imparfait

STRUCTURE IV

Pour narrer: les adverbes (suite)

A. **Comparaisons.** Ecoutez les phrases sur Elise et Marthe. Ensuite, répondez aux questions qu'on vous pose.

Modèle: Vous entendez: Marthe a fini son sandwich et Elise continue à manger. Qui mange plus lentement, Elise ou Marthe?
            Vous dites: Elise mange plus lentement que Marthe.
            Vous vérifiez: Elise mange plus lentement que Marthe.

DICTEE

Un coup de téléphone. Ecrivez les phrases que vous entendrez.

1. _____

2. _____

3. _____

4. _____

5. _____

6. _____

7. _____

8. _____

9. _____

CHAPITRE 6

Clés de la vie politique
Identités ethniques et nationales

PRONONCIATION

Les voyelles /o/, /ɔ/

/o/

The vowel /o/ is somewhat similar to the vowel sound in the English word *boat*. Whereas the English sound is accompanied by a glide /oʷ/, the French version is glideless: there is no movement of the tongue during its articulation.

Orthographe

This sound is spelled *o* in an *open syllable* (one that ends in a vowel sound): sot, photo.

In a *closed syllable* (one that ends in a consonant sound), the spelling *o* represents the sound /o/ ONLY before the sound /z/: rose, chose, dose. In other cases, *o* represents /ɔ/ (see below).

In an open or closed syllable, the spellings *ô, au,* and *eau* all represent /ɔ/: tôt, rôle; au, sauce; beau, Beaune.

/ɔ/

The vowel /ɔ/ is similar to the vowel sound in the English word *but*. In French, however, the lips are more rounded and the articulation is tenser.

Orthographe

/ɔ/ is found in closed syllables with the spelling *o* : porte, votre.

Conseils Pratiques

- Avoid adding a glide /o^W, ɔ ^W/ to the pronunciation of these sounds by keeping the tongue stationary during their articulation.

- Remember to pronounce /o/ in a closed syllable when the letter *o* is followed by the /z/ sound: rose = /roz/, not /*r ɔz/.

- Remember that in all other cases except the one listed above, the letter *o* represents /ɔ/ in a closed syllable: votre = /vɔtR/. All other spellings (*ô, eau, au*) represent /o/: vôtre = /votR/.

Pratique

A. **Anglais ou français?** Indiquez si les mots suivants sont anglais ou français.

	anglais	français
1.	_____	_____
2.	_____	_____
3.	_____	_____
4.	_____	_____
5.	_____	_____
6.	_____	_____

B. **/o/ ou /ɔ/?** Dites si vous entendez la voyelle /o/ ou la voyelle /ɔ/.

	/o/	/ɔ/
1.	_____	_____
2.	_____	_____
3.	_____	_____
4.	_____	_____
5.	_____	_____
6.	_____	_____

C. **La voyelle /o/.** Ecoutez et répétez les phrases et mots suivants.

chaud pause sauce rose s'impose rôti gros faux

Il fait chaud! Prenons une pause.

Cette sauce rose s'impose avec un rôti.

Ce gros diamant est un faux.

 Chapitre 6

D. **La voyelle /ɔ/.** Ecoutez et répétez les phrases et mots suivants.

comme votre bonheur important horreur révolution démocratie philosophie original

Comme votre bonheur est important pour moi!

Après l'horreur de la révolution, une démocratie s'est établie.

Votre philosophie est originale!

E. **Tout ensemble.** Ecoutez et répétez les phrases et mots suivants. Faites bien attention à la distinction entre /o/ et /ɔ/.

votre-vos notre-nôtre Paul-Paule sot-sotte beau-botte mot-motte

Votre ami Paul est sot, mais sa sœur Paule est encore plus sotte.

Est-ce que c'est notre botte? Oui, c'est le nôtre.

Que veut dire le mot «motte»?

INTERACTION I: Petit débat sur l'orgueil national

STRUCTURE I

Pour narrer au présent: les verbes pronominaux

A. **En vacances.** Un ami vous rencontre et vous pose des questions. Répondez à ses questions affirmativement et en phrases complètes.

Modèle:	Vous entendez:	Je me souviens de cet endroit. Et vous?
	Vous dites:	**Nous nous souvenons de cet endroit.**
	Vous vérifiez:	**Nous nous souvenons de cet endroit.**

B. **Toujours en vacances.** Le lendemain cet ami vous pose les mêmes questions. Irrité(e), vous répondez négativement cette fois-ci.

Modèle:	Vous entendez:	Je me souviens de cet endroit. Et vous?
	Vous dites:	**Nous ne nous souvenons pas de cet endroit.**
	Vous vérifiez:	**Nous ne nous souvenons pas de cet endroit.**

STRUCTURE II

Identifier et décrire: l'emploi de c'est *et de* il / elle est

A. **Identifications.** Identifiez les personnes et les choses dont on parle en employant *c'est* ou *ce sont*. Employez le temps présent.

> **Modèle:**   Vous lisez: (une reine)
> Vous entendez: Qui est Marie–Antoinette?
> Vous dites: **C'est une reine.**
> Vous vérifiez: **C'est une reine.**

1. (un roi)

2. (des princesses)

3. (un président)

4. (un premier ministre)

5. (un dictateur)

6. (un premier ministre)

7. (des corps législatifs)

8. (un serpent)

B. **Descriptions.** Décrivez ou identifiez les personnes ou les choses dont on parle en employant *il est, elle est, ils sont,* ou *elles sont.* Employez le présent.

> **Modèle:**   Vous lisez: (animatrice)
> Vous entendez: Qui est Oprah Winfrey?
> Vous dites: **Elle est animatrice.**
> Vous vérifiez: **Elle est animatrice.**

1. (cinéaste)

2. (français)

3. (réaliste)

4. (petit)

5. (bon)

6. (écrivain)

 Chapitre 6

INTERACTION II: Il y a Canadiens ... et Canadiens

STRUCTURE III

Pour parler des conditions potentielles: les phrases avec si

A. **Suggestions ou hypothèses?** Ecoutez les phrases et indiquez si on donne une suggestion (à l'impératif) ou si on parle d'une hypothèse (au conditionnel).

1. **a.** une suggestion   **b.** une hypothèse

2. **a.** une suggestion   **b.** une hypothèse

3. **a.** une suggestion   **b.** une hypothèse

4. **a.** une suggestion   **b.** une hypothèse

5. **a.** une suggestion   **b.** une hypothèse

B. **Des conditions.** Choisissez la terminaison appropriée pour les débuts de phrase que vous entendrez.

1. **a.** ... mes valises étaient moins lourdes.   **b.** ... mes valises seraient moins lourdes

2. **a.** ... on pourra visiter les Alpes.   **b.** ... on pourrait visiter les Alpes.

3. **a.** ... nous ferions un trajet en Corse.   **b.** ... nous faisions un trajet en Corse.

4. **a.** ... vous regardiez moins la télé.   **b.** ... vous regarderez moins la télé.

5. **a.** ... vous nous téléphoniez.   **b.** ... téléphonez-nous!

6. **a.** ... tu mets tes lunettes de soleil.   **b.** ... tu mettais tes lunettes de soleil.

STRUCTURE IV

Pour parler du futur: le futur et le futur antérieur

A. **Bientôt.** Indiquez si les phrases que vous entendrez sont au **futur** ou au **futur antérieur**.

1. **a.** futur   **b.** futur antérieur

2. **a.** futur   **b.** futur antérieur

3. **a.** futur   **b.** futur antérieur

4. **a.** futur   **b.** futur antérieur

5. **a.** futur   **b.** futur antérieur

6. **a.** futur   **b.** futur antérieur

B. Promesses. Ecoutez les phrases et indiquez la première chose qu'on va faire.

1. **a.** te donner ma décision   **b.** parler à ta mère

2. **a.** remplir ces formulaires   **b.** envoyer le remboursement

3. **a.** finir la vaisselle   **b.** rentrer

4. **a.** finir l'exercice   **b.** corriger l'exercice

5. **a.** commencer à faire du jogging **b.** finir ce mémoire

6. **a.** boire moins de café   **b.** passer notre dernier examen final

DICTEE

Conseils aux touristes. Un agent de voyages donne des conseils à une personne qui voudrait voyager en France. Ecrivez les phrases que vous entendrez.

1. _____

2. _____

3. _____

4. _____

5. _____

6. _____

7. _____

8. _____

9. _____

               Chapitre 6

10. _____

11. _____

CHAPITRE 7

Regards sur la diversité
Conflits linguistiques et culturels

PRONONCIATION

Les voyelles /e/, /ɛ/, /œ/, /ø/

/e/

The vowel /e/ is similar to the vowel in the English word *day*. Unlike the English vowel, the French version has no glide.

Orthographe

This sound is spelled *é* (cl<u>é</u>); *er* (parl<u>er</u>); *ez* (dorm<u>ez</u>); and in one-syllable words, *es* (l<u>es</u>); *et* (<u>et</u>).
Note that this sound occurs in open syllables, that is, it is the last sound in the syllable.

/ɛ/

The sound /ɛ/ is similar to the vowel sound in the English word *get* . Avoid pronouncing a glide with this vowel.

Orthographe

This sound may be spelled *e* (d<u>e</u>tte); *è* (p<u>è</u>re); *ê* (r<u>ê</u>ve); *ai* (c<u>ai</u>sse); *ei* (s<u>ei</u>ze).
In an open syllable in final position, this sound may be spelled *-et, -êt* (proj<u>et</u>, for<u>êt</u>); *-ect* (asp<u>ect</u>); *-ès* (progr<u>ès</u>); *-ai, -aî* (dél<u>ai</u>, {il} ser<u>ai</u>t).

Conseils Pratiques

- Avoid pronouncing a glide with the vowel sounds /e/ and /ɛ/.

- Some speakers maintain a distinction between (je) *serai* /sRe̯/ (future) and (je) *serais* /sRɛ/ (conditional).

- You may hear variation in the pronunciation of *mais*, *très*, and *est* . Some speakers use the vowel /e/, whereas others use a vowel that is closer to /ɛ/.

Pratique

A. **Anglais ou français?** Indiquez si les mots suivants sont anglais ou français.

	anglais	français
1.	_____	_____
2.	_____	_____
3.	_____	_____
4.	_____	_____
5.	_____	_____
6.	_____	_____

B. **La voyelle /e/.** Ecoutez et répétez les phrases et mots suivants.

moquez insultez ces assurer étonner gêné étranger société démocratique volonté majorité

Vous vous moquez de moi? C'est vous qui m'insultez avec ces histoires.

Je peux vous assurer que ces choses m'étonnent.

Les gens sont gênés de parler occitan devant les étrangers.

Dans une société démocratique, on suit la volonté de la majorité.

C. **La voyelle /ɛ/.** Ecoutez et répétez les phrases et mots suivants.

affaire servir espère être biais française permettre reste

Si je devais aller au Zaïre pour les affaires, à quoi me servirait de parler wolof?

Et à quoi servira le français à celui qui espère être marchand de riz à Diourbel?

Nous avons besoin d'une langue qui nous permette de communiquer avec le reste du monde.

D. **Tout ensemble.** Ecoutez et répétez les phrases et mots suivants.

connaissez des pourraient emmener pêche taquinais mais c'est vrai j'ai parler les

 Chapitre 7

Est-ce que vous connaissez des gens du coin qui pourraient m'emmener à la pêche?

Je vous taquinais, mais c'est vrai que j'ai l'habitude de parler occitan avec les gens du coin.

/ø/, /œ/

These vowel sounds do not exist in English. To form /ø/, say /e/ and round your lips. To form /œ/, say /ɛ/ and round your lips.

Orthographe

Both sounds are spelled *eu* or *œu*. /ø/ is found in an open syllable: p<u>eu</u> [pø], b<u>œu</u>fs [bø]; (note that the final consonant of *bœuf* and *œuf* is not pronounced in the plural). It is also found in a closed syllable before the sound /z/: heur<u>eu</u>se. /œ/ is found in a closed syllable: j<u>eu</u>ne [ʒœn], b<u>œu</u>f [bœf].

Pratique

A. **La voyelle /ø/.** Ecoutez et répétez les phrases et mots suivants.

curieux peut deux ceux heureuse menteuse peureuse jeux dangereux

Je suis curieux: pourquoi est-ce qu'il peut nous en donner deux de ceux-là?

Cette heureuse menteuse n'est pas peureuse!

Ces jeux sont dangereux pour ceux qui ont moins de deux ans.

B. **La voyelle /œ/.** Ecoutez et répétez les phrases et mots suivants.

jeune professeur peur sœur heure Honfleur seul œuf

Ce jeune professeur a peur de sa sœur. A quelle heure part le train pour Honfleur?

J'ai besoin d'un seul œuf.

C. **Tout ensemble.** Ecoutez et répétez les phrases et mots suivants.

un œuf-des œufs un bœuf-des bœufs il peut-ils peuvent elle veut-elles veulent

Un de ces œufs vaut deux bœufs. Ce professeur peut faire ce qu'elles veulent.

Ils peuvent rester seuls pendant deux heures.

INTERACTION I: Français, langue universelle?

STRUCTURE I

Pour exprimer un point de vue: l'infinitif et le présent du subjonctif après les expressions impersonnelles

A. **A la gare.** Ajoutez le sujet entre parenthèses à la phrase que vous entendrez et employez le subjonctif.

    Modèle: Vous lisez: (nous)
                       Vous entendez: Il faut réserver des places.
                       Vous dites: **Il faut que nous réservions des places.**
                       Vous vérifiez: **Il faut que nous réservions des places.**

    1.   (Martin et Claire)
    2.   (vous)
    3.   (Anne)
    4.   (tu)

INTERACTION II: Vive la différence?

AUTREMENT DIT

A. **Réponses.** Cochez la réponse appropriée pour chaque question ou phrase que vous entendez.

1. _____	Oui. Continuez tout droit.	_____	Ce n'est pas grave.
2. _____	Je m'excuse.	_____	Il n'y a pas de mal.
3. _____	Ce n'est rien.	_____	C'est tout près.
4. _____	Tu rigoles?	_____	Ce n'est pas grave.

STRUCTURE III

Pour exprimer la volonté et la préférence: la forme verbale après les expressions de volonté et de préférence

A. **Une vie de rêve.** Liez la phrase que vous entendrez à la phrase entre parenthèses en employant l'infinitif, le subjonctif, ou l'indicatif (présent ou futur).

    Modèle: Vous lisez: (Je passe ma vie sur une île déserte.)
                       Vous entendez: Je serais content...

Vous dites: **Je serais content de passer ma vie sur une île déserte.**
Vous vérifiez: **Je serais content de passer ma vie sur une île déserte.**

1. (Je pourrai le faire.)
2. (Tous mes amis viendront avec moi.)
3. (Nous nous détendons.)
4. (Il fait toujours beau.)
5. (Je pars.)
6. (Il vient avec nous.)

STRUCTURE IV

Pour repérer: les prépositions avec les noms géographiques

A. Où vont-ils? Donnez le nom du pays ou de l'état qui est la destination des voyageurs suivants.

Modèle: Vous entendez: Maryse veut visiter Rome.
                Vous dites: **Elle va en Italie.**
                Vous vérifiez: **Elle va en Italie.**

B. D'où viennent-ils? Identifiez le pays ou la région d'origine des personnes décrites.

Modèle: Vous entendez: Samba est sénégalaise.
                Vous dites: **Elle vient du Sénégal.**
                Vous vérifiez: **Elle vient du Sénégal.**

DICTEE

Français, langue universelle? Ecrivez les phrases que vous entendrez.

1. _____

2. _____

3. _____

4. _____

5. _____

6. _____

7. _____

8. _____

9. _____

10. _____

CHAPITRE 8

Fenêtre ouverte sur les paysages
Villes et campagnes

PRONONCIATION

Les voyelles nasales

French has three nasal vowels,[1] found in such words a *vent*, *vin*, and *vont*. When you pronounce a nasal vowel, the air stream escapes partly through the nasal passage and partly through the oral passage. In the spelling system, nasal vowels are signaled by a vowel followed by the written consonant *n* or *m* at the end of a syllable or word, with or without additional consonants following it: gr<u>an</u>d, <u>in</u>sulter, parf<u>um</u>. A vowel followed by an *n* /*nn* or an *m* /*mm* and another vowel remains oral: <u>â</u>ne, <u>in</u>nocent, d<u>o</u>mmage. When pronouncing nasal vowels in French, do not pronounce the following nasal consonant *n* or *m*.

/ã/

This vowel is similar to the vowel sound in the English word *jaunt*. Be sure not to pronounce the consonant following the vowel.

Orthographe

/ã/ is represented in the spelling system by *en*, *em* (v<u>en</u>t, <u>en</u>s<u>em</u>ble) or by *an*, *am* (<u>an</u>tique, j<u>am</u>be).

/õ/

The vowel /õ/ is similar in pronunciation to the vowel sound in the English words *bone* and *don't*. However, in French, the vowel is a pure nasal, pronounced without any following consonant sound.

Orthographe

/õ/ is spelled *on* or *om*: r<u>on</u>d, b<u>om</u>be.

/ɛ̃/

---

[1]Some speakers have a fourth nasal vowel, /œ/, found in such words as *un*, parf<u>um</u> .

This vowel sound is somewhat similar to the vowel in the English words *can* or *pan*, without the following consonant sound.

Orthographe

The most common spellings of /ɛ̃/ are:

in, im	<u>in</u>téressant, s<u>im</u>ple
ain, aim	m<u>ain</u>tenant, f<u>aim</u>
en (when preceded by i, y, or é):	vi<u>en</u>t, europé<u>en</u>, moy<u>en</u>
oin	l<u>oin</u>
un, um	<u>un</u>, parf<u>um</u>

Conseils Pratiques

• Pay special attention to the difference between oral and nasal vowels, since it accounts for important gender and number distinctions: patron {patRõ} / patronne {patRɔn} vient [vjɛ̃] / viennent {vjɛn}.

Pratique

A. **Voyelle orale ou voyelle nasale?** Indiquez si vous entendez une voyelle orale ou une voyelle nasale.

	voyelle orale	voyelle nasale
1.	_____	_____
2.	_____	_____
3.	_____	_____
4.	_____	_____
5.	_____	_____
6.	_____	_____
7.	_____	_____
8.	_____	_____

Chapitre 8

B. **La voyelle /ã/.** Ecoutez et répétez les phrases et mots suivants.

ensemble avant reprendre employée banque encore vivant Rouen enfin

Deux amis déjeunent ensemble, avant de reprendre le travail.

Elle est employée de banque.

Patrick est encore vivant à Rouen, enfin, j'espère.

C. **La voyelle /õ/.** Ecoutez et répétez les phrases et mots suivants.

longtemps on façon sont Montréal diction onze ont maison

Ça fait longtemps qu'on ne s'est pas vu. Ils sont allés à Montréal.

Elle suit un cours de diction. Ils ont décidé de vendre la maison.

D. **La voyelle /ɛ̃/.** Écoutez et répétez les phrases et mots suivants.

craignais enfin province cousin vin saint moins main foins

Ce que je craignais est enfin arrivé: j'ai été muté en province.

Ton cousin prenait un vin à la Gare Saint–Lazare.

Il y a moins de main–d'œuvre au temps des foins.

E. **Quelle voyelle?** Indiquez quelle voyelle vous entendez.

	/ã/	/õ/	/ɛ̃/
1.	_____	_____	_____
2.	_____	_____	_____
3.	_____	_____	_____
4.	_____	_____	_____
5.	_____	_____	_____
6.	_____	_____	_____
7.	_____	_____	_____
8.	_____	_____	_____

Chapitre 8 177

F. **Voyelles orales/voyelles nasales.** Ecoutez et répétez les phrases et mots suivants.

quand-canne l'ennui-la nuit paysan-paysanne l'an-l'âne

bon-bonne patron-patronne qu'on-comme don-donne

vient-vienne américain-américaine canadien-canadienne sain-saine plein-pleine

G. **Tout ensemble.** Ecoutez et répétez les phrases et mots suivants.

Montréal, c'est loin. Il faut prévoir longtemps à l'avance.

Quelqu'un qu'elle avait rencontré pendant les vacances.

Et quand je pense qu'on était onze dans la famille.

C'est un moment important pour les habitants.

INTERACTION I: Rat des villes et rat des champs

AUTREMENT DIT

A. **Qu'est-ce qu'ils font dans la vie?** Ecoutez les descriptions et indiquez le genre de travail que font les personnes dont on parle.

Modèle:	Vous entendez:	Jeanne est chanteuse.
	Vous dites:	**Elle est dans les arts.**
	Vous vérifiez:	**Elle est dans les arts.**

STRUCTURE I

Pour faire référence à un élément du discours déjà mentionné: les pronoms multiples

A. **A l'aéroport.** Répétez les phrases que vous entendrez en employant autant de pronoms que possible.

Modèle:	Vous entendez:	Tu as mis ton billet dans mon sac?
	Vous dites:	**Oui, je l'y ai mis.**
	Vous vérifiez:	**Oui, je l'y ai mis.**

 Chapitre 8

STRUCTURE II

Pour parler de ce qui vous arrive: la voix passive

A. **Au musée.** Indiquez si les phrases que vous entendrez sont à la voix active ou passive.

1.	**a.** voix active		**b.**	voix passive
2.	**a.** voix active		**b.**	voix passive
3.	**a.** voix active		**b.**	voix passive
4.	**a.** voix active		**b.**	voix passive
5.	**a.** voix active		**b.**	voix passive
6.	**a.** voix active		**b.**	voix passive
7.	**a.** voix active		**b.**	voix passive

INTERACTION II: La vie moderne

STRUCTURE III

Pour faire faire quelque chose: le faire causatif

A. **Qui le fait?** Indiquez si les personnes mentionnées font les activités elles-mêmes ou si elles les font faire par une autre personne.

1.	**a.** elle-même		**b.**	une autre personne
2.	**a.** elle-même		**b.**	une autre personne
3.	**a.** elle-même		**b.**	une autre personne
4.	**a.** elle-même		**b.**	une autre personne
5.	**a.** elle-même		**b.**	une autre personne
6.	**a.** elle-même		**b.**	une autre personne

STRUCTURE IV

Pour mettre en valeur un élément du discours: les pronoms disjoints

A. **La culpabilité.** Quand Mme et M. Muraour sont rentrés du cinéma, leur maison était tout en désordre. Ils demandent à Vanessa, leur fille aînée qui en est responsable, et Vanessa identifie les coupables (*the guilty parties*). Jouez le rôle de Vanessa.

Modèle: Vous lisez: (Arianne)
            Vous entendez: Qui a cassé le vase?
            Vous dites: **C'est elle qui a cassé le vase.**
            Vous vérifiez: **C'est elle qui a cassé le vase.**

1. (les jumeaux)

2. (Arianne)

3. (Arianne et Martine)

4. (Arianne et moi)

5. (vous)

DICTEE

La vie moderne. Ecrivez les phrases que vous entendrez.

1. _____

2. _____

3. _____

4. _____

5. _____

6. _____

7. _____

8. _____

9. _____

10. _____

11. _____

CHAPITRE 9

Portes ouvertes ou fermées?
Différences de classe

PRONONCIATION

Les semi-consonnes

There are three semiconsonants in French: /j/, /w/, and /ɥ/. They are related to the vowels /i/; /u/, and /y/; indeed, these three vowel sounds become semi-consonants when followed by another vowel, forming a single syllable.

/j/

The semi-consonant /j/ (called *jod* in French) is similar to the initial sound in *yes* or *year*. However, it is articulated with greater muscular tension.

Orthographe

The following written symbols are used to represent /j/:

i + vowel:	étudier, combien[1]
y:	voyager, nettoyer
vowel + il:	travail [travaj], bouteille [butɛj], seuil [sœj]
vowel + ill:	faillance [fajãs], appareiller [apaRɛje], nouille [nuj]
consonant + ill:	famille [famij]

/w/

The French /w/ (*oué* in French) is similar to the English sound in *water* and *wide*. Once again, the French sound has a tenser articulation.

Orthographe

/w/ is represented in the spelling system by:

ou + vowel:	Louis, nouer[2]

---

[1]After a consonant cluster, i + vowel becomes i + jod + vowel: cendrier /sãdRije/

[2]After a consonant cluster, /u/ + vowel does not form a semi-consonant: trouer /tRue/

oi, oî:	v<u>oi</u>t, b<u>oî</u>te
oy (waj):	v<u>oy</u>age /vwajaʒ/
oin (wɛ̃):	s<u>oin</u> /swɛ̃/

/ɥ/

The semi-consonant /ɥ/ (called *ué* in French) usually occurs when /y/ precedes a vowel, and forms a single syllable with it. To pronounce /ɥ/, position your lips and tongue for the sound /y/. After pronouncing /y/, move quickly to the next vowel.

Orthographe

/ɥ/ is spelled:

| u + vowel: | s<u>ue</u>ur, t<u>ue</u>r[3] |

Conseils Pratiques

- Be sure to pronounce the semi-consonant instead of the corresponding vowel in the specified environment.
- Pronounce the semi-consonant with greater muscular tension than their near-equivalents in English.
- Pronounce *-tion* as /sj/, rather than with an English "sh" sound.

Pratique

A. **La semi-consonne /j/.** Ecoutez et répétez les phrases et mots suivants.

fille marier vieille fiancé ouvrier famille rien prolétariat milieu

Sa fille va se marier. Elle n'est pas si vieille que ça. Son fiancé est ouvrier. Sa famille n'a rien. Il vient du bas prolétariat, un milieu complètement différent.

B. **La semi-consonne /w/.** Ecoutez et répétez les phrases et mots suivants.

moyenne bourgeoisie patrimoine doit avoir trois moi crois droit choisir autrefois

Gaston n'est pas de la bourgeoisie ni de la classe moyenne. Il n'a pas de patrimoine. Il doit avoir trente-trois ans. Moi, je crois qu'on a le droit de choisir un époux, pas comme autrefois.

C. **La semi-consonne /ɥ/.** Ecoutez et répétez les phrases et mots suivants.

suis lui ensuite Suisse depuis huit ennuyer luxueux présomptueux

---

[3]After a consonant cluster, /y/ + vowel only forms a semi-consonant when followed by the sound /i/: fruit /frɥi/ but truand /tryɑ̃/.

Je suis sûr qu'elle va se marier avec lui. Ensuite, ils iront en Suisse. Ils se connaissent depuis huit jours. Ils vont s'ennuyer dans un hôtel luxueux. Tu es présomptueux.

D. **Tout ensemble.** Ecoutez et répétez les trois premières strophes du poème *Paraboles* de Maurice Koné.

Je suis le fruit de l'Amour

Cueilli sur l'arbre du tourment.

J'ai pris forme

Sur la branche de la douleur.

Mon arbre a poussé sur la terre sèche

Des mauvaises saisons

Et toutes les pluies m'ont frappé

Et tous les vents m'ont secoué.

Entre les oranges

Je suis le citron

Fruit acidulé

Au milieu des épines.

INTERACTION I: Potins-cancans à l'heure du thé

AUTREMENT DIT

A. **Réactions.** Ecoutez les phrases et indiquez les réponses logiques.

1. **a.** J'ai de bons rapports avec eux. **b.** C'est le monsieur à côté de la caisse.

2. **a.** Nous sommes très amis. **b.** Tu n'aurais pas dû le lui dire.

3. **a.** C'est qui? **b.** C'est comment?

4. **a.** C'est qui? **b.** C'est comment?

5. **a.** Je ne sais pas comment ça s'appelle. **b.** C'est le jeune homme aux cheveux longs?

STRUCTURE I

Pour exprimer les conditions irréelles: le conditionnel passé

A. **C'est possible?** Ecoutez les phrases et indiquez si on parle d'une possibilité (**au conditionnel**) ou d'une chose qui ne s'est pas passé (**au passé du conditionnel**).

1. **a.** conditionnel   **b.** passé du conditionnel

2. **a.** conditionnel   **b.** passé du conditionnel

3. **a.** conditionnel   **b.** passé du conditionnel

4. **a.** conditionnel   **b.** passé du conditionnel

5. **a.** conditionnel   **b.** passé du conditionnel

6. **a.** conditionnel   **b.** passé du conditionnel

STRUCTURE II

Pour faire référence à quelqu'un ou à quelque chose: les pronoms démonstratifs

A. **Lequel?** Vous travaillez dans un magasin. Votre client vous demande de voir des produits. Vous lui demandez lesquels, en employant une forme de *celui-ci* et de *celui-là*.

Modèle: Vous entendez: Je voudrais voir cette lampe.
                   Vous dites: **Celle-ci ou celle-là?**
                   Vous vérifiez: **Celle-ci ou celle-là?**

INTERACTION II: Tous les métiers se valent

AUTREMENT DIT

A. **Réactions.** Ecoutez les phrases et indiquez la réponse logique.

1. **a.** Je n'oublierai jamais.   **b.** La vie est dure.

2. **a.** C'est dommage que tu sois arrivé en retard.   **b.** Malheureusement, on n'a pas toujours ce qu'on veut dans la vie.

3. **a.** Bah, c'est normal.   **b.** Je n'oublierai jamais.

4. **a.** Je suis désolé/e.   **b.** Je regrette ma jeunesse.

5. **a.** C'est vraiment bête de ne rien dire.   **b.** Bah, c'est normal.

STRUCTURE III

Pour exprimer l'antériorité: le passé du subjonctif

A. **Une catastrophe.** Vous avez organisé une fête, mais elle a très mal tourné. Ecoutez ce qui s'est passé et exprimez vos regrets en employant **le passé du subjonctif.**

Modèle:	Vous lisez:	(je regrette)
	Vous entendez:	Marc est arrivé en retard.
	Vous dites:	**Je regrette que Marc soit arrivé en retard.**
	Vous vérifiez:	**Je regrette que Marc soit arrivé en retard.**

1. (je suis désolé)
2. (c'est triste)
3. (je regrette)
4. (c'est dommage)
5. (je regrette)

STRUCTURE IV

Pour exprimer le doute ou l'incertitude: le subjonctif après les antécédants indéfinis

A. **Le réel ou l'idéal?** Indiquez si on parle de la réalité ou d'une possibilité.

1. **a.** la réalité   **b.** une possibilité

2. **a.** la réalité   **b.** une possibilité

3. **a.** la réalité   **b.** une possibilité

4. **a.** la réalité   **b.** une possibilité

5. **a.** la réalité   **b.** une possibilité

DICTEE

Potins-cancans: des répercussions. Ecrivez les phrases que vous entendrez.

1. _____

2. _____

3. _____

4. _____

5. _____

6. _____

7. _____

8. _____

9. _____

10. _____

11. _____

12. _____

CHAPITRE 10

Ouvertures internationales
L'état et le monde

PRONONCIATION

La consonne /l/

In French, the /l/ sound is pronounced with the tip of the tongue behind the upper teeth. This is in contrast to English, where we have several different /l/ sounds. Compare the sounds in the words *feel*, *ladle* and *leaf*. The last variety (the 'light' l), comes closest to the French variety.

Orthographe

This sound is represented in the spelling system by either *l* or *ll* : seul, belle. Note that in some cases, *ill* may represent /j/: fille /fij/.

Les consonnes /p/, /t/, /k/

At the beginning of a word, these consonants are pronouncd <u>without</u> the puff of air that accompanies their pronunciation in English. To get a feel for these sounds, pronounce a series of English words that begin with the sounds *sp-*, *st-* and *sk-*. Then, move quickly to a French word beginning with /p/, /t/ and /k/. In this way, you will be producing sounds with little air accompanying them. Practice with these pairs: spear-*pire* ; store-*tort* ; ski-*qui*.

In final position, these consonants are pronounced fully and released clearly, unlike their English counterparts, which tend to be "swallowed."

Orthographe

/p/ is usually spelled *p* or *pp*: père, appeler. Note that the written *p* is silent in such words as *sept, compter* and *sculpter*.

/t/ is usually spelled *t, tt* , or *th*: tente, attendre, théâtre. In some words, the final *-t* is pronounced: sept, huit (in isolation and in *liaison*), *est* ('east'), *ouest* .

/k/ may be spelled:

c (except before *i, e, y*):   case, scolaire

cc (except before *i, e*):   accomoder

cc = /ks/ before *i, e* :   accident

cc = /ks/ before *i, e* :   accident

k, ck: kilomètre, ticket

x = /ks/ in some environments: taxi, extraordinaire

Conseils Pratiques
• Be sure to fully release consonants in final position; otherwise, comprehension may be impaired.

Pratique

A. **La consonne /l/.** Ecoutez et répétez les phrases et mots suivants.

ville Antilles les illuminés capable la violence il colonialisme Guadeloupe plus Gaulois mentalité Blancs
Les villes aux Antilles sont prospères. Les illuminés sont capables de beaucoup de choses. Je ne suis pas
pour la violence, mais il y a une ambiance de colonialisme en Guadeloupe. On ne nous enseigne plus «nos
ancêtres, les Gaulois», mais on veut nous donner une mentalité de Blancs.

B. **Les consonnes /p/, /t/, /k/.** Ecoutez et répétez les phrases et mots suivants.

optimiste pessimiste débattent pour contre européenne pourront point politique pouvoir défaitiste te dis
pour demain tu commences par politique tort
Un optimiste et un pessimiste débattent le pour et le contre de l'union européenne.
Pourront-ils jamais réconcilier leurs points de vue? Une seule politique? Un seul pouvoir? Tu es défaitiste.
Je ne te dis pas que ce sera pour demain. Mais tu commences par l'union politique! Tu as tort!

INTERACTION I: L'union européenne: utopie ou réalité?

AUTREMENT DIT

A. **La Communauté Economique Européenne.** Révisez la lecture sur la C.E.E., puis indiquez si
les phrases que vous entendrez sont vraies ou fausses.

1. **a.**   vrai   **b.**   faux

2. **a.**   vrai   **b.**   faux

3. **a.**   vrai   **b.**   faux

4. **a.**   vrai   **b.**   faux

Chapitre 10

STRUCTURE I

Pour exprimer les rapports de temps et de cause: la forme verbale après les conjonctions

A. **Publicités.** Ecoutez ces bouts de textes publicitaires, et choisissez la suite logique.

1. **a.** sans nous consulter!

    b. sans que vous nous consultiez!

2. **a.** afin que vous aimiez ces taches d'herbe et de chocolat!

    b. à moins que vous n'aimiez ces taches d'herbe et de chocolat!

3. **a.** après avoir consulté votre dentiste!

    b. afin de consulter votre dentiste!

4. **a.** avant qu'il ne soit trop tard!

    b. après qu'il sera trop tard!

5. **a.** à condition qu'ils grandissent.

    b. jusqu'à ce qu'ils grandissent.

6. **a.** afin de les conserver toute votre vie!

    b. bien que vous les conserviez toute votre vie.

STRUCTURE II

Pour situer dans le temps: les prépositions de temps

A. **Habitudes.** Ecoutez les phrases et indiquez si l'action se passe habituellement ou une seule fois.

1. **a.** action habituelle   **b.** une seule fois

2. **a.** action habituelle   **b.** une seule fois

3. **a.** action habituelle   **b.** une seule fois

4. **a.** action habituelle   **b.** une seule fois

5. **a.** action habituelle   **b.** une seule fois

INTERACTION II: Une Guadeloupe indépendante?

AUTREMENT DIT

A. **Exprimez-vous.** Ecoutez les phrases et indiquez le sentiment exprimé.

1. **a.** surprise **b.** bonne humeur **c.** mauvaise humeur **d.** colère
2. **a.** surprise **b.** bonne humeur **c.** mauvaise humeur **d.** colère
3. **a.** surprise **b.** bonne humeur **c.** mauvaise humeur **d.** colère
4. **a.** surprise **b.** bonne humeur **c.** mauvaise humeur **d.** colère
5. **a.** surprise **b.** bonne humeur **c.** mauvaise humeur **d.** colère
6. **a.** surprise **b.** bonne humeur **c.** mauvaise humeur **d.** colère

STRUCTURE III

Pour rapporter le discours de quelqu'un: le discours indirect

A. **Potins-cancans.** Ecoutez les histoires et répétez-les en employant le **discours indirect.**

Modèle: Vous entendez: Rachel va quitter son travail.
             Vous dites: **On a dit que Rachel allait quitter son travail.**
             Vous vérifiez: **On a dit que Rachel allait quitter son travail.**

STRUCTURE IV

Pour narrer: récapitulation des temps du verbe

A. **Passé ou futur?** Indiquez si on parle de ce qui s'est déjà passé, de ce qui va venir ou de ce qui pourrait arriver sous certaines conditions.

1. **a.** s'est déjà passé **b.** va arriver **c.** pourrait arriver
2. **a.** s'est déjà passé **b.** va arriver **c.** pourrait arriver
3. **a.** s'est déjà passé **b.** va arriver **c.** pourrait arriver
4. **a.** s'est déjà passé **b.** va arriver **c.** pourrait arriver

Chapitre 10

5. **a.** s'est déjà passé   **b.** va arriver   **c.** pourrait arriver

6. **a.** s'est déjà passé   **b.** va arriver   **c.** pourrait arriver

DICTEE

Joëlle et Joseph. Ecrivez les phrases que vous entendrez.

1. _____

2. _____

3. _____

4. _____

5. _____

6. _____

7. _____

8. _____

9. _____

10. _____

Cahier d'exercices

ANSWER KEY

CHAPITRE 1

Au seuil de la culture
L'enfant et la famille

INTERACTION I: La leçon de conduite

AUTREMENT DIT

A. Les rapports familiaux.

1. e;   2. f;   3. a;   4. b;   5. d;   6. c

B. Et vous?

Answers will vary for 1-3.

4. Le médecin est la mère du garçon.
5. Philippe a rencontré son fils.

C. A table.

Answers will vary.

GRAMMAIRE DE BASE

A. Rencontre.

1. rends
2. a
3. choisit
4. vas
5. ai; fait
6. Écoute; as; Prends; Vas
7. as; descends
8. Va; descends
9. viens
10. attends; répond; achetons; vendons
11. réussissez

B. Camarades de classe.

1. Comment vas-tu?
2. Pourquoi est-ce que tu fais tes études à cette université?
3. Combien de cours as-tu ce semestre? *or* Combien de cours est-ce que tu as ce semestre? *or:* Tu as combien de cours ce semestre?
4. A quelle heure est-ce que tu arrives à la fac d'habitude?
5. Comment sont tes cours?

6. Où habites-tu? *or* Où est-ce que tu habites? *or* Tu habites où?
7. Quand est-ce que tu vois ta famille?
8. Est-ce que tu vois tes parents le week-end? *or* : Vois-tu tes parents le week-end?

STRUCTURE I

A. Le vin des Blanchard n'est pas bon.

1. Chez qui est–ce que Tom dîne? 2. A qui est-ce que Mme Blanchard offre de la salade niçoise. / À qui Mme Blanchard offre-t-elle de la salade? 3. Qu'est ce que c'est qu'une salade niçoise? 4. Qui demande du vin? 5. A qui est-ce que Mme Blanchard donne du vin? / A qui Mme Blanchard donne-t-elle du vin? 6. Qu'est-ce qu'il cherche (une fois à la maison)? 7. Qu'est-ce qui n'est pas bon?

B. Interview.

Answers will vary.

C. C'est à vous.

Answers will vary.

STRUCTURE II

A. L'insomnie.

1. Ne mangez pas 2. Ne travaillez pas 3. Ne buvez pas 4. Ne prenez pas 5. Soyez 6. Faites 7. Sachez 8. N'ayez pas

B. Entre amies.

1. Ne mange pas 2. Ne travaille pas 3. Ne bois pas 4. Ne prends pas 5. Sois 6. Fais 7. Sache 8. N'aie

C. Conseils.

Answers will vary.

INTERACTION II: Pas si sévères, après tout

AUTREMENT DIT

A. Dialogues.

Answers will vary.

 Answer key

GRAMMAIRE DE BASE

A. A table.

1. veux; viens; peux
2. connaissez; connais
3. viennent; mens
4. disparaissent; tiens

B. Politesse.

1. Pourrais-tu me passer les épinards?
2. Je ne voudrais pas passer l'examen aujourd'hui.
3. Pourriez-vous me donner de la monnaie?

STRUCTURE III

A. Formules de réussite.

Answers will vary.

B. A vous.

Answers will vary.

C. Interview.

Answers will vary.

STRUCTURE IV

A. Que le temps passe vite!

1. Elles vont au lycée depuis deux ans. 2. Elle est veuve depuis cinq ans. 3. Elle est divorcée depuis six mois. 4. Ils ont des petits enfants depuis trois ans. 5. Il est fiancé depuis Noël. 6. Elle est mariée depuis six mois.

B. Interview.

Answers will vary.

CHAPITRE 2

Passage vers la communication
Perspectives interculturelles

INTERACTION I: Vive la différence

AUTREMENT DIT

A. **En général.**

Answers will vary.

B. **Comparez.**

Answers will vary.

GRAMMAIRE DE BASE

A. **Une liste de provisions.**

des œufs	250 grammes *de* champignons
500 grammes *de* sucre	*des* pommes
du veau	*du* beurre
de la crème	*des* tomates
de l' huile d'olive	*du* poivre
du vinaigre	*du* sel

B. **Après les courses.**

J'ai acheté *le* veau, *le* vinaigre, *l'* huile d'olive, *le* poivre,
les tomates, *le* beurre ... Zut! J'ai oublié *les* champignons!

C. **L'esprit de contradiction.**

1. Non, je n'ai jamais goûté ni le couscous, ni la tarte au citron.
2. Non, il n'y a personne au restaurant à 6h du soir.
3. Non, on ne sert plus d'huîtres en mai.
4. Je n'ai rien commandé comme dessert.
5. Non, je n'ai vu personne au restaurant.

Answer key

STRUCTURE I

A. Un voyage gastronomique.

1. *la* fameuse salade niçoise 2. C'est *une* salade 3. *des* œufs 4. *des* anchois 5. *des* pommes de terre 6. *de la* vinaigrette 7. *de* thon 8. *un* pain bagnat 9. *un* sandwich 10. *Le* socca 11. *l'* huile d'olive 12. *les* pois chiches 13. *le* socca. 14. *la* cuisine italienne 15. *de la* pizza 16. *du* couscous 17. *les* Français du Sud 18. *le* vin 19. *un* grand choix 20. *Un* bon vin rouge 21. *le* lundi 22. *Les* Français

B. Interview.

Answers will vary.

STRUCTURE II

A. Il est timide.

1. Je ne prends que des hambugers. 2. Non, je ne sais pas encore si j'aime le socca. 3. Je ne voyage jamais avec personne le week-end. 4. Je ne dîne plus chez personne. 5. Je n'ai visité que le Musée Marc Chagall. 6. Je n'aime (regarder) que les films américains. 7. Je ne fais plus rien ici. 8. Je ne veux jamais rentrer aux Etats-Unis.

B. Jamais plus!

Answers will vary.

INTERACTION II: Mésententes cordiales

AUTREMENT DIT

A. Contrastes.

Answers will vary.

B. Stéréotypes.

Answers will vary.

GRAMMAIRE DE BASE

A. Bien assortis.

1. Ma sœur est *belle* et son mari est *beau*. Ils sont tous les deux *beaux*.
2. Ma voisine est *mystérieuse*. Elle et son mari sont tous les deux *mystérieux*.
3. Moi, je suis mince, mais mes enfants sont tous *gros*.
4. J'ai une sœur jumelle qui est aussi *intelligente* que moi!
5. Notre caractère est *bon* et nos actions sont *bonnes* aussi.

B. Mon patron.

1. J'ai un *vieux* patron *incompétent* qui fait toutes sortes de bêtises.
2. Hier, par exemple, il a interviewé une *jolie jeune* femme *blonde* pour un poste vacant.
3. Il a posé beaucoup de questions *ridicules*.
4. Il était évident qu'il s'intéressait plutôt à ses traits physiques qu'à ses qualités *intellectuelles*.
5. Finalement, il lui a dit: «Je vois que vous êtes d'une *grande* intelligence et d'une beauté *exceptionnelle*. Je vous embauche.»
6. Et elle a répondu: «Et vous, Monsieur, vous êtes d'une intelligence *négligeable* et vous avez un *mauvais* caractère. Au revoir!»

STRUCTURE III

A. Au café.

1. une *grande* boucle d'oreille *blanche* 2. la *dernière* fois 3. une exposition *publique*
4. *bleu clair* 5. Ils sont plutôt *snob* 6. Elle est très *naïve*

B. Interview.

Answers will vary.

STRUCTURE IV

A. Descriptions.

1. C'est un *homme pauvre*.
2. Le *pauvre homme!*
3. C'est un *homme seul*.
4. C'est une *ancienne amie*.
5. Elle va prendre le *prochain train*.
6. Il a besoin d'une *chemise propre*.
7. Il prépare toujours la *même chose*.
8. Il a brûlé une omelette la *semaine dernière*.
9. Le repas est un *grand succès*.
10. Ma *chère amie*, on devrait se voir plus souvent!

B. Autoportrait.

Answers will vary.

 Answer key

CHAPITRE 3

Accès à la formation de l'esprit
L'enseignement

INTERACTION I: Le fameux bac

AUTREMENT DIT

A. **A la fac.**

Answers will vary.

GRAMMAIRE DE BASE

A. **Le courrier.**

1. reçois	3. m'écrivent	5. reçoivent	7. écrivez
2. recevez	4. lis	6. recevez / lisez	

B. **La sauce au soja.**

1. met	2. mettent	3. mettons	4. mettez

C. **Il ne faut pas sécher le cours!**

1. est restée; a écouté
2. a lu; a fait
3. est allée; a acheté
4. sont venus; sommes sortis
5. avons voulu; avons pris; est arrivé

D. **Le babysitting.**

1. Rien ne s'est passé.
2. Personne n'a téléphoné.
3. Je n'ai téléphoné à personne.
4. Je n'ai rien mangé.
5. Ils n'ont joué ni avec leurs poupées ni avec leurs cubes.
6. Non, ils ne sont pas encore allés au lit.

STRUCTURE I

A. Il n'y a pas longtemps...

Answers will vary.

B. Une journée atroce.

1. a passé
2. est arrivé
3. a sorti
4. a vu ; a monté

5. est sortie
6. ont entendu; sont descendus
7. a réveillé

8. a monté
9. est rentré
10. ont couru

STRUCTURE II

A. Les causes et les conséquences.

Answers will vary.

B. Excuses.

1. Martin *n'a pas fait* ses devoirs ce week-end parce qu'il les *avait déjà faits* jeudi.
2. Je *n'ai pas regardé* leurs photos d'Europe parce que je les *avais déjà vues* mille fois.
3. Anne *n'a pas téléphoné* à ses parents ce week-end parce qu'elle leur *avait téléphoné* la semaine dernière.
4. Je *n'ai pas offert* de faire la vaisselle parce que j'*avais passé* tout l'après-midi à faire le ménage.
5. Elise *n'a pas reconnu* Gilles parce qu'elle *ne l'avait pas vu* avant.
6. Vous *n'avez pas été* reçu lundi matin parce que vous *n'aviez pas bossé* la veille.
7. Elle *n'est pas descendue* répondre au téléphone parce qu'elle *était déjà descendue* trois fois ce matin-là.

INTERACTION II: Ah, les beaux jours...

AUTREMENT DIT

A. Réagissez!

Answers will vary.

GRAMMAIRE DE BASE

A. Un jeu de verbes.

1. sais
2. ai dû
3. suis
4. crois

 Answer key

5. dois
6. devons

B. **La poursuite triviale.**

1. Quel
2. Quelle
3. Quels
4. Quels
5. Quelle
6. Quelles

STRUCTURE III

A. **Pourquoi tout remettre au lendemain?**

1. Ø	5. de	9. Ø	12. Ø	15. Ø
2. à	6. de	10. de	13. à	16. de
3. Ø	7. d'	11. de	14. de	17. de
4. à	8. Ø			

B. **Interview.**

Answers will vary.

STRUCTURE IV

A. **Dialogues.**

1. Lesquels
2. Laquelle
3. Lesquels
4. Lesquelles

B. **Votre ville.**

Answers will vary.

CHAPITRE 4

Perspectives sur l'exil
L'immigration et l'assimilation

INTERACTION I: Où va la France?

AUTREMENT DIT

A. Raison ou tort?

Answers will vary.

B. Et vous?

Answers will vary.

GRAMMAIRE DE BASE

A. Conseils.

1. d'
2. sur
3. Ø
4. Ø
5. Ø; à
6. à
7. de
8. avec

B. Henri ne va pas bien.

1. Oui, il m'a donné une ordonnance.
2. Non, je ne lui ai pas posé de questions.
3. Oui, je les ai prises.
4. Non, je ne vais pas leur téléphoner (pendant que je reste au lit).

C. Vous me manquez!

1. ... *ce qui* se passe, et *ce que* je fais ...
2. ... les médicaments *que* le médecin a prescrits ...
3. ... la carte *qu'*elle m'a envoyée...
4. ... *ce qui* est difficile, c'est ...
5. ... je ne sais pas *ce qui* est important ...
6. ... tout *ce que* je n'ai pas fait ...

Answer key

A. Un voyage à ne pas oublier.

1. Oui, j'y suis allé cet été.
2. Non, je n'ai pas voyagé avec eux.
3. Oui, j'ai voyagé avec elle.
4. Oui, parfois nous en avions peur dans les grandes villes.
5. C'est vrai, nous y sommes allés aussi.
6. Non, je n'en avais pas besoin.
7. Oui, j'y ai obéi.
8. Eh, oui, je leur ai envoyé des cartes postales.
9. Mais si, j'ai pensé à toi constamment. C'est pour ça que je ne t'ai pas écrit.

STRUCTURE II

A. Les gauchers et les droitiers.

1. dont
2. qui
3. où
4. dont
5. Ce qui
6. Ce que
7. dont
8. ce que
9. laquelle

B. A vous.

Answers will vary.

INTERACTION II:
Les immigrés quelques générations plus tard

AUTREMENT DIT

A. Interview.

Answers will vary.

GRAMMAIRE DE BASE

A. Excuses.

1. Moi, j'*étais* fatigué/e, et j'*avais* mal à la tête. J'*essayais* de dormir.
2. Les Blanchard *mangeaient* chez les Bordier.
3. Nous *nagions* et *jouions* au volley à la plage.
4. Robert *faisait* les courses.
5. François *allait* au centre commercial avec Marie.

6. Marie *achetait* de nouvelles chaussures pour la fête de Paule.
7. Paule *nettoyait* son appartement.

B. Possessions.

1. *leurs* cassettes
2. *son* blouson
3. *sa* veste
4. *leur* chien
5. *ses* lunettes de soleil
6. *nos* livres et *notre* parapluie
7. *mes* clés

STRUCTURE III

A. Les temps ont changé.

1. appréciait
2. portaient
3. avait
4. sortaient; allaient
5. étaient

B. L'enfance.

Answers will vary.

STRUCTURE IV

A. Des emprunts.

1. le mien
2. La leur; la mienne
3. Les miennes; les tiennes
4. La vôtre; la nôtre
5. Le sien

 Answer key

CHAPITRE 5

Révélations audiovisuelles
Les médias et les valeurs

INTERACTION I: Un choix difficile

AUTREMENT DIT

A. Les films.

Answers will vary.

GRAMMAIRE DE BASE

A. La fête de Paule.

1. a ouvert
2. maintiens
3. tient
4. j'ai promis
5. permets

B. Expressions temporelles.

1. D'habitude
2. la semaine dernière
3. Alors
4. Ensuite
5. Enfin
6. A la fin

STRUCTURE I

A. Interruptions.

1. Nous allions au supermarché quand il a commencé à pleuvoir.
2. Je cherchais mon argent quand mon fils a cassé une bouteille de lait.
3. Je rougissais et faisais mes excuses quand une vedette est entrée dans le magasin.
4. Je faisais semblant de ne pas la remarquer quand elle m'a dit, «Il est tellement mignon, votre enfant.»
5. En fait, elle était dans notre ville depuis trois semaines quand elle a finalement osé faire les courses au centre–ville.
6. Nous parlions comme de vieilles amies quand j'ai remarqué qu'il était presque l'heure du dîner.
7. J'essayais de l'inviter à dîner chez nous quand elle a disparu.

STRUCTURE II

A. **Une question de temps.**

1. *depuis* une demi-heure.
2. *en* trois minutes
3. *pour* une petite heure; *depuis* deux heures déjà; *pendant* que nous attendons
4. *dans* deux minutes
5. *dans* quinze minutes; *pendant* la séance

B. **Interview.**

Answers will vary.

INTERACTION II: Chacun à son goût

AUTREMENT DIT

A. **Profil d'un mélomane.**

Answers will vary.

STRUCTURE III

A. **Souvenir de jeunesse.**

1. j' étais	7. ne pouvais pas	12. savais
2. j' attendais	8. j'ai demandé	13. j'ai répondu
3. avais	9. était	14. gardais
4. dormais	10. m'a montré	15. j'ai décidé
5. venait	11. est venu	16. j'ai su
6. j' ai eu		

B. **Un souvenir de vacances.**

1. C'était	5. était	9. j'aimais
2. je me trouvais	6. j'ai vu	10. pouvais
3. m'avait recommandé	7. ai parlé	11. c'était
4. suis allée	8. J'ai dit	12. a répondu

GRAMMAIRE DE BASE

A. **Une recommandation.**

1. Il y répond poliment.

2. Il les écoute patiemment.
3. Il travaille sérieusement.
4. Il étudie constamment.
5. Il parle bien l'anglais.

B. Comparaison.

1. François parle anglais mieux que moi.
2. Martin ne travaille pas aussi rapidement que lui.
3. Les autres étudiants écoutent moins attentivement que lui.
4. Il écrit plus soigneusement que tous les autres.

STRUCTURE IV

A. Bien manger pour mieux vivre.

1. Si vous voulez bien manger, composez intelligemment vos menus quotidiens.
2. Les personnes qui mangent vite ont souvent mal au cœur.
3. Choisissez soigneusement les aliments qui font partie d'un régime équilibré.
4. Vous pouvez manger avec confiance tous les légumes que vous aimez.
5. Le taux du cancer du côlon est très élevé chez les individus qui mangent de la viande rouge quotidiennement.
6. Si vous vous dépensez physiquement, prenez des aliments riches en hydrates de carbone.
7. Ce n'est pas une bonne idée de manger énormément avant de se coucher.
8. C'est une bonne idée de prendre du lait partiellement ou entièrement écrémé.

B. Interview.

Answers will vary.

CHAPITRE 6

Clés de la vie politique
Identités ethniques et nationales

INTERACTION I: Petit débat sur l'orgueil national

AUTREMENT DIT

A. Réactions.

Answers will vary.

GRAMMAIRE DE BASE

A. Les enfants!

1. ouvres; préférons
2. se sent; souffre
3. partageons
4. t'appelles; s'appellent
5. j'essaie
6. dis
7. disent

B. La routine quotidienne.

1. se couchent; se lèvent
2. se dépêchent
3. se rase; me brosse
4. s'habillent
5. me sens

C. Que dites-vous?

1. Réveille-toi!
2. Réveillez-vous!
3. Ne vous dépêchez pas.
4. Lave-toi les mains.
5. Reposez-vous.

STRUCTURE I

A. Le départ.

1. va

Answer key

2. s'en va
3. me doute
4. s'entendent; se mettent; douter
5. se débrouiller
6. mettre

B. Chez un conseiller matrimonial.

1. vous entendez
2. nous disputons
3. trompe
4. m'inquiète
5. m'endormir
6. m'ennuie
7. me détendre; s'en aller
8. vous trompez

C. Interview.

Answers will vary.

STRUCTURE II

A. Vous êtes curieux?

1. *C'est* un auteur de romans fantastiques. *Il est* très célèbre.
2. *C'est* une animatrice de télévison américaine. *Elle est* actrice aussi.
3. *Il est* acteur.
4. *C'est* un cycliste américain.
5. *Ce sont* des monuments en Egypte. *Ils sont* ....
6. *C'est* un pays tropical en Amérique du Sud. *Elle est* située entre le Surinam et le Brésil.
7. *Il est* réalisateur. *Il est* français ...

B. A mon avis.

Answers will vary.

C. Answers will vary.

INTERACTION II: Il y a Canadiens ... et Canadiens

A. Réactions.

Answers will vary

GRAMMAIRE DE BASE

A. Le rêve d'Ariane.

1. j' *aurai* .2. je *ferai* .3. je *voudrai*. 4. Je *resterai* 5. Je *sortirai* 6. nous *jouerons* 7. nous *amuserons* 8. On *ira* 9. Benoît, me *parlera* 10. Maman et papa n' *auront* pas 11. ils *seront*

B. Si seulement!

1. irait
2. inviterait
3. finirait
4. feraient
5. prendrais
6. rendrais

STRUCTURE III

A. Rivalité fraternelle.

1. étudiait
2. aiderait
3. demandais
4. offrirez
5. comprenaient
6. parle

B. Histoire hypothétique.

Answers will vary.

STRUCTURE IV

A. C'est promis?

1. serez; aurez fini
2. seras rentré(e); sortirons
3. téléphoneront; auront trouvé
4. saurez; aurez entendu

B. A vous.

Answers will vary.

CHAPITRE 7

Regards sur la diversité
Conflits linguistiques et culturels

INTERACTION I: Français, langue universelle?

AUTREMENT DIT

A. Réactions.

Answers will vary.

GRAMMAIRE DE BASE

A. Conseils aux enfants.

1. parles
2. mentes
3. connaissiez
4. finisses
5. lise
6. écrivions

B. Conseils aux camarades de chambre.

1. Il est important que vous vous parliez honnêtement.
2. Il faut que vous partagiez les travaux ménagers.
3. Caroline, il faut absolument que tu rendes tous les pulls que tu as empruntés!
4. Elise, il vaudrait mieux que tu fermes la porte de ta chambre quand tu écoutes de la musique.
5. Je ne crois pas que ça plaise à Caroline d'être interrompue pendant qu'elle étudie.
6. Je souhaite que nous finissions cette conversation bientôt.
7. Je me suis disputé avec ma camarade de chambre et il faut que je lui dise que je vais déménager ce week-end.

STRUCTURE I

A. Conseils aux endettés.

1. Il est certain que beaucoup de Canadiens et d'Américains ont de graves difficultés financières.
2. Il faudra bien que nous employions moins nos cartes de crédits.
3. Attention! Il est possible que vous remplissiez trop de demandes pour des cartes de crédits.
4. Parfois il vaut mieux que vous coupiez en deux vos cartes de crédit.
5. Il est important de noter toutes vos dépenses.
6. Il est essentiel que vous sachiez où passe votre argent.
7. Il est bon d'établir un budget pour éviter des problèmes financiers.

B. **Chez un conseiller financier.**

1. Il est évident que nous dépensons trop d'argent.
2. Il serait bon d'avoir moins de dépenses.
3. Sinon, il se peut que nous fassions faillite.
4. Il est probable que nous consoliderons nos dettes.

C. **Conseils.**

Answers will vary.

STRUCTURE II

A. **La vie des personnes riches et célèbres.**

1. me suis levée
2. me suis lavée
3. me suis brossé
4. nous sommes dépêchées
5. nous sommes parlé
6. se sont ennuyés
7. t'es amusée
8. me suis endormie

INTERACTION II: Vive la différence?

AUTREMENT DIT

A. **Dialogues.**

Answers will vary.

GRAMMAIRE DE BASE

A. **Conseils aux voyageurs.**

1. dise
2. voyiez
3. aimiez
4. ayez
5. écrives

B. **Projets.**

1. sachions
2. vienne
3. puisse
4. allions
5. aille

STRUCTURE III

A. Projets de vacances.

1. Je préférerais ne pas prendre l'avion.
2. J'aimerais mieux que nous prenions le train.
3. J'ai peur de dépenser trop d'argent dans une grande ville.
4. Je crains que mes enfants puissent se perdre dans la foule.
5. Je suis contente que vous puissiez m'aider à prendre une décision.
6. J'espère que nous trouverons le village idéal dans ces brochures.

B. Vos préférences.

Answers will vary.

STRUCTURE IV

A. Géographie.

1.	de	5.	en	9.	l'	13.	Ø	17. au
2.	de	6.	aux	10.	de	14.	Ø	18. à
3.	au	7.	dans le	11.	l'	15.	en	19. au
4.	à	8.	en	12.	l'	16.	en	

B. Interview.

Answers will vary.

CHAPITRE 8

Fenêtre ouverte sur les paysages
Villes et campagnes

INTERACTION I: Rat des villes et rat des champs

AUTREMENT DIT

A. Les emplois.

Answers will vary.

GRAMMAIRE DE BASE

A. Patrick le curieux.

1. Est-ce que les astronautes en prennent beaucoup quand ils vont sur la lune?
2. Est-ce que les crapauds les aiment?
3. Est-ce qu'on y a trouvé des géants?
4. Est-ce que tu vas vivre avec nous quand nous serons grands?
5. Est-ce que je peux lui donner ma soupe ?
6. Est-ce que je peux y dormir ?
7. Est-ce que tu l'as acheté ?

B. Maman répond.

1. Non, ils n'en prennent pas beaucoup.
2. Non, ils ne les aiment pas.
3. Non, on n'y a pas trouvé de géants.
4. Non, je ne vais pas vivre avec vous quand vous serez grands.
5. Non, tu ne peux pas lui donner ta soupe.
6. Non, tu ne peux pas y dormir.
7. Non, je ne l'ai pas acheté.

STRUCTURE I

A. Laisse-moi tranquille!

1. Rends-les-moi!
2. Ne lui en parle pas!
3. Je ne vais pas te le montrer!
4. Je les leur ai donnés!
5. Je ne m'y intéresse pas!
6. J'y en ai mis trois!
7. Tu y en as mis trop!

 Answer key

B. **Interview.**

Possible answers:

1. Oui, je les y ai perdues.
   Non, je ne les y ai jamais perdues.
2. Oui, ils m'en donnent beaucoup.
   Non, ils ne m'en donnent pas beaucoup.
3. Oui, je leur en donne beaucoup.
   Non, je ne leur en donne pas beaucoup.
4. Oui, j'y vais souvent avec eux.
   Non, je n'y vais pas souvent avec eux.
5. Oui, il y en a beaucoup.
   Non, il n'y en a pas beaucoup.
6. Oui, je vais lui en écrire cet été.
   Non, je ne vais pas lui en écrire cet été.

STRUCTURE II

A. **La phobie de l'avion.**

1. La phobie des avions est aggravée par les reportages sur les accidents aériens.
2. Souvent les personnes qui ont peur de voyager en avion sont condamnées à perdre contact avec leurs meilleurs amis.
3. Sachez que les avions sont construits pour entrer dans les zones de turbulences sans aucun danger.
4. Heureusement, les symptômes de la peur ont été identifiés par les médecins.
5. Des exercices de relaxation ont été développés pour lutter contre ces symptômes de peur.

B. **Retour à la phobie.**

1. Les reportages sur les accidents aériens aggravent la phobie des avions.
2. Souvent les personnes qui ont peur de voyager en avion se condamnent à perdre contact avec leurs meilleurs amis.
3. Sachez qu'on a construit les avions pour entrer dans les zones de turbulences sans aucun danger.
4. Heureusement, les médecins ont identifié les symptômes de la peur.
5. On a développé des exercices de relaxation pour lutter contre ces symptômes de peur.

INTERACTION II: La vie moderne

AUTREMENT DIT

A. **Interview.**

Answers will vary.

STRUCTURE III

A. **Exigences.**

1. Le professeur fait lire un poème par ses étudiants.
2. Anne fait faire son lit par sa petite sœur.
3. Mme Grossac fait faire la vaisselle par sa femme de ménage.
4. La patronne fait chercher un dossier par son secrétaire.

B. Souhaits.

Answers will vary.

C. Traduction.

1. Fais- / faites-moi savoir s'il n'y a plus de livres à la librairie.
2. Ce film m'a rendu triste.
3. Notre professeur nous a fait passer un examen vendredi.
4. Je ferai chercher du lait par mon frère.
5. Fais- / faites-moi voir (Montrez-/Montre-moi) ton nouvel ordinateur.
6. Les films de Woody Allen me font rire et pleurer.

STRUCTURE IV

A. Une conversation dans le couloir.

1. Moi; toi
2. eux
3. lui
4. lui
5. toi

B. Que de questions!

Possible answers:
1. Oui je les aime.
   Non, je ne les aime pas.
2. Oui, je l'ai vue.
   Non, je ne l'ai pas vue.
3. J'en ai {deux}.
   Je n'en ai pas.
4. J'en ai pris {deux}.
   Je n'en ai pas pris.
5. Oui, je lui téléphone souvent.
   Non, je ne lui téléphone pas souvent.
6. Oui, je m'y intéresse.
   Non, je ne m'y intéresse pas (beaucoup).
7. Oui, j'y suis allé(e) hier.
   Non, je n'y suis pas allé(e) hier.
8. Oui, je sors souvent avec eux.
   Non, je ne sors pas souvent avec eux. (Non, je ne sors jamais avec eux.)
9. Oui, je me souviens d'elle/de lui. Il/elle s'appellait ...
   Non, je ne me souviens pas de lui/d'elle.
10. Oui, je m'en souviens.
    Non, je ne m'en souviens pas.

CHAPITRE 9

Portes ouvertes ou fermées?
Différences de classe

INTERACTION I: Potins-cancans à l'heure du thé

AUTREMENT DIT

A. Reproches.

Answers will vary.

B. Interview.

Answers will vary.

GRAMMAIRE DE BASE

A. Projets de vacances.

1. pourrons
2. faisons
3. nous amuserions
4. verrons

B. L'orgueil national.

1. ceux
2. ceux
3. celui
4. celles
5. celle

C. Dette, probabilité, regret, ou obligation?

1. b
2. d
3. c
4. c
5. b
6. a

STRUCTURE I

Le conditionnel passé

A. **Vacances ratées.**

1. t'étais levé; ne serions pas partis
2. avions fait; n'aurions pas dû
3. j'avais écouté; n'aurais pas oublié
4. nous serions mieux amusés; avions eu
5. j'avais su ; j'aurais visité

B. **C'est à vous.**

Answers willl vary.

STRUCTURE II

A. **Oreille indiscrète.**

1. e   2. d   3. a   4. c   5. b

B. **Comparaisons.**

Answers will vary.

INTERACTION II: Tous les métiers se valent

AUTREMENT DIT

A. **Souvenirs.**

Answers will vary.

STRUCTURE III

A. **Après la fête.**

1. Je suis très content/e que tous mes amis soient venus.
2. Je ne suis pas sûr/e que nous ayons fini le gâteau.
3. Je suis ravi/e d'avoir reçu tant de beaux cadeaux.
4. J'ai peur que Dominique ne se soit pas amusée.
5. Je regrette que nous ayons laissé ton appartement en désordre.
6. Monique a dit qu'elle est désolée de ne pas vous avoir aidé à faire la vaisselle.

        Answer key

B. Regrets.

Answers will vary.

STRUCTURES IV et V

A. Possibilités et réalités.

Answers will vary.

CHAPITRE 10

Ouvertures internationales
L'état et le monde

INTERACTION I: L'union européenne: utopie ou réalité

AUTREMENT DIT

A. La C.E.E.

Possible answers:
1. C'est la proximité géographique des pays et le fait que ce sont des démocraties et des pays industrialisés.
2. Ils ne se sentent pas impliqués à titre personnel, mais ils reconnaissent l'intérêt économique de ce groupement de pays.
3. L'Europe pourrait se renforcer sur les plans économique, politique, militaire et culturel.
4. *Answers will vary.*
5. *Answers will vary.*

GRAMMAIRE DE BASE

A. Projets de vacances.

1. depuis
2. en
3. pendant
4. dans

B. Un nouvel appartement.

1. sous
2. devant
3. au–dessus de
4. en face
5. à côté de

STRUCTURE I

A. Les listes.

1. écrire
2. réussisse
3. aller
4. sachions
5. n'ayez

Answer key

B. **C'est à vous.**

Answers will vary.

STRUCTURE II

A. **Le bon vieux temps.**

1. Dans
2. du
3. Ø
4. le
5. A

B. **Interview.**

Answers will vary.

INTERACTION II: Une Guadeloupe indépendante?

AUTREMENT DIT

A. **Situations.**

Answers will vary.

STRUCTURE III

A. **Une rencontre inattendue.**

1. Elle m'a dit qu'elle venait d'acheter une chemise pour Thierry.
2. Elle m'a dit qu'elle avait décidé de rentrer chez elle.
3. Elle m'a dit qu'il était entré soudain dans la boutique.
4. Elle m'a dit qu'il portait des lunettes de soleil ... mais qu'elle l'avait reconnu!
5. Elle m'a dit qu'elle serait partie tout de suite.
6. Elle m'a dit qu'il lui avait demandé son opinion d'une chemise qu'il regardait!
7. Elle m'a dit qu'après, elle lui avait demandé son autographe.
8. Elle m'a dit de l'écouter bien.
9. Elle m'a dit qu'il le lui avait refusé!
10. Elle a dit qu'elle ne verrait jamais plus les films de cet égoïste!

B. **Discours rapportés.**

Answers will vary.

STRUCTURE IV

A. La lecture.

1. j' étais; lisait
2. m'endorme; faisais
3. j' avais; j' adore
4. n'avait pas pris; n'aurais jamais écrit
5. lis; serai; j'aurai

B. Le Petit Chaperon Rouge

1. portait; appelait
2. a donné; était
3. n'était jamais allée; était
4. se promenait; a rencontré
5. dise; a répondu
6. a dit; allait
7. est arrivée; ne savait pas; avait déjà mangé; se cachait *or* s'était caché
8. aurait dû
9. j'étais; j'aurais; j'hésiterais
10. comprends

 Answer key

Cahier de laboratoire

ANSWER KEY

CHAPITRE 1

Au seuil de la culture
L'enfant et la famille

INTERACTION I: La leçon de conduite

AUTREMENT DIT

A. Formel ou familier?

1. à la mère d'un ami
2. à un ami
3. à un ami
4. à un ami
5. à un ami
6. à la mère d'un ami

STRUCTURE II

A. Singulier ou pluriel?

1. un groupe
2. un groupe
3. un individu
4. un groupe
5. un groupe
6. un groupe

B. Formel ou familier?

1. familier (à un ami)
2. formel (à un individu avec qui on est moins intime)
3. familier
4. familier
5. familier
6. formel

INTERACTION II: Pas si sévères, après tout ...

AUTREMENT DIT

A. Qu'est-ce qu'on fait?

1. on part
2. on arrive
3. on part
4. on part
5. on arrive
6. on part

DICTEE

Une lettre

Chère Madame,
   Je vous remercie mille fois de m'avoir invité à dîner samedi soir.
1. Je suis à Paris depuis six mois et j'ai rarement l'occasion de dîner en famille.
2. Je ne connais pas beaucoup de familles françaises.
3. Sachez que je n'oublierai jamais les bons conseils que vous m'avez donnés à table chez vous.
4. C'est en faisant des fautes qu'on apprend!
5. Et maintenant je sais la différence entre une cuillère à soupe et une cuillère à dessert.
6. Un de ces jours je vais vous préparer, pour vous, votre mari, Gilles, et Didier, le cadet, un bon repas américain.
7. Veuillez croire, Madame, à l'expression de mes sentiments distingués.
Tom

 Answer key

CHAPITRE 2

Passage vers la communication
Perspectives interculturelles

INTERACTION I: Vive la différence!

AUTREMENT DIT

A. Spécialités régionales.

1. le couscous
2. la carbonade flamande
3. la côte de veau à la crème
4. la choucroute garnie
5. le couscous

B. Content ou mécontent.

1. mécontent
2. content
3. mécontent
4. mécontent
5. content
6. content
7. mécontent

INTERACTION II: Mésententes cordiales

STRUCTURE III

A. Claude ou Claude?

1. leur neveu
2. la fille
3. leur neveu
4. la fille
5. leur neveu

STRUCTURE IV

A. Avez-vous compris?

1. L'adresse n'est pas correcte.
2. Ce n'est plus mon camarade de chambre.
3. Marie sort exclusivement avec Marc.
4. Cet ami m'est très important.
5. Elle n'a pas de chance.
6. Cette voiture est à moi.

DICTEE

Un journal intime.

1. Je suis dans un petit café où on sert des olives avec les apéritifs.
2. Je bois une bonne bière brune et je regarde les gens dans la salle intérieure.
3. Je vois deux femmes mystérieuses qui prennent du vin blanc.
4. La première est grande et mince.
5. Elle a le teint pâle et les cheveux noirs et frisés.
6. L'autre, la blonde, est de taille moyenne. Elle a les yeux noisette.
7. Elles regardent la carte depuis très longtemps.
8. Attention! Le serveur arrive.
9. C'est un vieil homme arrogant et impatient.
10. La brune parle au serveur.
11. La pauvre! Elle ne parle pas français.
12. Une vieille femme sympathique intervient.
13. Mais regarde! Les deux étrangères finissent leur vin et partent.
14. Sont-elles snob, ou bien arrogantes?
15. Non, je pense qu'elles sont timides et qu'elles ont besoin d'étudier le français.

 Answer key

CHAPITRE 3

Accès à la formation de l'esprit
L'enseignement

INTERACTION I: Le fameux bac

AUTREMENT DIT

A. **Les études.** Ecoutez la question et indiquez la réponse logique.

1. Je me spécialise en sciences politiques.
2. Je suis en deuxième année.
3. Je suis trois cours de langues et un cours de littérature.
4. Non, il est obligatoire.
5. C'est ça. Je me suis fait coller.
6. J'ai séché le cours.

INTERACTION II: Ah, les beaux jours ...

DICTEE

Quelle chance!

1. Il y a huit jours, nous avions passé une soirée normale.
2. Mon mari était rentré du bureau.
3. Les enfants avaient fait leurs devoirs.
4. Nous avions déjà fini de dîner, et mon mari avait sorti le chien.
5. Ma fille aînée était partie bosser avec sa copine.
6. J'avais décidé de prendre une tisane en lisant le journal.
7. J'avais commencé à boire quand le téléphone a sonné.
8. Mon fils aîné a répondu comme d'habitude.
9. Il m'a passé le téléphone.
10. Une dame m'a dit que j'avais gagné!
11. Le lendemain, deux messieurs sont venus me prendre en photo et me donner l'argent.
12. J'ai vraiment de la veine, non?
13. J'ai toujours vécu une vie tranquille et je vais continuer à vivre comme ça.
14. J'ai l'intention de donner de l'argent à la Faculté des Lettres et Sciences Humaines.
15. On a besoin d'un nouveau laboratoire de langues.

CHAPITRE 4

Perspectives sur l'exil
L'immigration et l'assimilation

INTERACTION I: Où va la France?

AUTREMENT DIT

A. Les problèmes sociaux.

1. la toxicomanie
2. l'agression
3. le racisme
4. l'ivresse au volant
5. l'alcoolisme
6. la pollution
7. la pauvreté
8. le chômage

INTERACTION II:
Les immigrés quelques générations plus tard

AUTREMENT DIT

DICTEE

Autrefois
1. Les enfants, votre vie est beaucoup plus facile que la mienne.
2. Quand j'avais votre âge, je me levais très tôt le matin pour distribuer les journaux.
3. J'allais à pied à l'école, même quand il neigeait et pleuvait.
4. Vous, vous avez pris le bus hier et il faisait beau!
5. Après l'école, mon frère et moi, nous travaillions dans une épicerie.
6. Je voulais gagner de l'argent pour acheter un vélo.
7. Vous vous rappelez? Vous avez reçu les vôtres en cadeau d'anniversaire.
8. Je me souviens des jours où nous n'avions pas beaucoup à manger à la maison.
9. Ce dont j'avais envie, c'était d'un chien.
10. Les voisins, qui partaient pour Paris, nous ont offert le leur.
11. Malheureusement, mon petit frère en avait peur.
12. Ma mère a fini par me donner un chat avec lequel je jouais, mangeais et dormais.
13. Maintenant quand je vois cette petite maison ou j'ai passé ma jeunesse, je pense surtout à ce chat que j'aimais tant.
14. Au fait, comment s'appelait-il?

Answer key

CHAPITRE 5

Révélations audiovisuelles
Les médias et les valeurs

PRONONCIATION

Pratique

A. Anglais ou français?

1. anglais
2. français
3. français
4. anglais
5. anglais
6. français

B. Quelle voyelle?

1. /u/
2. /y/
3. /y/
4. /u/
5. /y/
6. /u/

INTERACTION I: Un choix difficile

AUTREMENT DIT

A. Allons au cinéma.

1. Je veux bien.
2. C'est en version originale?
3. C'est un film à ne pas manquer.
4. Je ne sais pas, mais ... il y a une réduction le jeudi soir.
5. Non, je suis désolé.

STRUCTURE I

A. Des interruptions.

1. action en cours
2. action en cours

3. interruption
4. interruption
5. action en cours
6. interruption
7. interruption
8. interruption

INTERACTION II: Chacun à son goût

STRUCTURE III

A. Quels temps?

1 passé composé
2. passé composé
3. imparfait
4. imparfait
5. passé composé
6. imparfait
7. passé composé
8. imparfait
9. passé composé
10. imparfait
11. plus-que-parfait
12. plus-que-parfait

DICTEE

Un coup de téléphone.

1. J'étais dans la cuisine où je préparais le déjeuner en écoutant une cassette de musique classique.
2. Je faisais des sandwichs depuis quelques minutes quand le téléphone a sonné.
3. Je ne voulais pas répondre mais j'ai répondu poliment quand même.
4. C'était un homme qui disait qu'il travaillait pour la radio.
5. Pour gagner deux places à l'opéra, il fallait simplement dire ce que Alexandre Graham Bell a inventé.
6. Les enfants criaient et le chien aboyait, alors j'ai dit un peu en colère, que je ne savais pas.
7. L'homme a répondu gentiment, "Mais qu'est-ce que vous avez dans la main ?"
8. J'ai dit très sérieusement: Une banane.
9. Malheureusement, ma réponse n'était pas correcte et je n'ai pas gagné.

 Answer key

CHAPITRE 6

Clés de la vie politique
Identités ethniques et nationales

PRONONCIATION

Pratique

A. Anglais ou français?

1. anglais
2. français
3. français
4. anglais
5. anglais
6. français

B. /o/ ou /ɔ/?

1. /ɔ/
2. /o/
3. /o/
4. /ɔ/
5. /o/
6. /ɔ/

INTERACTION II: Il y a Candiens ... et Canadiens

STRUCTURE III

A. Suggestions ou hypothèses?

1. une suggestion
2. une hypothèse
3. une suggestion
4. une hypothèse
5. une suggestion

B. Des conditions.

1. Si seulement mes valises étaient moins lourdes.
2. Si tu restais en France, on pourrait visiter les Alpes.
3. Si nous avions plus de temps, nous ferions un trajet en Corse.
4. Vous auriez plus de temps libre si vous regardiez moins la télé.
5. Si vous visitez cette ville, téléphonez-nous!
6. Tu verras mieux si tu mets tes lunettes de soleil.

STRUCTURE IV

A. Bientôt.

1. futur
2. futur antérieur
3. futur
4. futur antérieur
5. futur antérieur
6. futur

B. Promesses.

1. parler à ta mère
2. remplir ces formulaires
3. rentrer
4. finir l'exercice
5. finir ce mémoire
6. passer notre dernier examen final

DICTEE

Conseils aux touristes.

1. Si vous pensez voyager en France cet été, renseignez-vous bien avant de partir.
2. Votre voyage sera parfait si vous vous en occupez à l'avance.
3. Il est déconseillé de chercher une chambre d'hôtel en juillet à la dernière minute.
4. Si vous êtes étudiant, vous pourrez profiter de réductions fabuleuses.
5. Si j'avais le temps, je vous raconterais tous les détails de mon dernier voyage.
6. Si vous partez des Etats-Unis, vous serez peut-être fatigué au moment où vous arriverez.
7. Quand vous vous serez reposé un peu, je vous le garantis, vous découvrirez un grand choix de distractions.
8. Il est facile de trouver des plans de ville et des journaux à consulter.
9. Je vous assure, Paris est une ville facile à visiter.
10. Et quand vous aurez besoin d'un peu de tranquillité, vous voudrez peut-être visiter des villes ou des villages moins fréquentés.
11. Je vous jure que si vous savez vous débrouiller un peu, vous ne vous ennuierez pas.

 Answer key

CHAPITRE 7

Regards sur la diversité
Conflits linguistiques et culturels

PRONONCIATION

Pratique

A. Anglais ou français?

1. français
2. anglais
3. français
4. anglais
5. français
6. français

INTERACTION II: Vive la différence?

AUTREMENT DIT

A. Réponses.

1. Oui. Continuez tout droit.
2. Je m'excuse.
3. C'est tout près.
4. Ce n'est pas grave.

DICTEE

Français, langue universelle?
1. Dominique est bien content que les différences régionales n'aient pas disparu en France.
2. A son avis, il est important d'avoir un sens des racines.
3. Il voudrait être plus qu'un Français qui parle avec un accent charmant.
4. Il doute que son ami comprenne sa fierté régionale.
5. Qu'est-ce que l'occitan peut contribuer à la vie?
6. Ce n'est pas uniquement dans le Languedoc que l'on discute de la question de l'éducation bilingue.
7. En Provence, en Bretagne, en Alsace aussi, on a peur de perdre sa langue.
8. La question linguistique a encore plus d'importance au Sénégal.
9. Beaucoup de Sénégalais pensent que le modèle linguistique de leur pays ne doit pas venir d'ailleurs.
10. D'autres ne croient pas que la bonne solution soit de se renfermer dans leur propre culture.

CHAPITRE 8

Fenêtre ouverte sur les paysages
Villes et campagnes

PRONONCIATION

A. Voyelle orale ou voyelle nasale?

1. nasale
2. nasale
3. orale
4. nasale
5. nasale
6. orale
7. orale
8. nasale

E. Quelle voyelle?

1. õ
2. ɛ̃
3. ã
4. õ
5. ã
6. ɛ̃
7. õ
8. ɛ̃

INTERACTION I: Rat des villes et rat des champs

STRUCTURE II

A. Au musée

1. voix active
2. voix passive
3. voix passive
4. voix active
5. voix passive
6. voix passive
7. voix passive

 Answer key

INTERACTION II: La vie moderne

STRUCTURE III

A. Qui le fait?

1. une autre personne
2. une autre personne
3. elle-même
4. une autre personne
5. une autre personne
6. elle-même

DICTEE

La vie moderne.
1. Ça fait longtemps que Michelle n'est pas revenue dans son petit village, Entrevaux.
2. Elle habite à Paris maintenant, où elle est directrice d'une petite entreprise.
3. Elle voyage beaucoup et elle fait écrire des rapports à ses employés.
4. La ville lui plaît, surtout les spectacles culturels et les rues qui sont toujours pleines de vie.
5. Ce qu'elle n'aime pas, c'est le coût de la vie, qui est exorbitant.
6. Il n'y a pas de bruit, pas de crime à Entrevaux.
7. On y passe de belles journées tranquilles tout près de la campagne.
8. Ça la rend un peu triste d'y penser.
9. La plupart des habitants d'Entrevaux ont été séduits par la modernité de la ville.
10. Mais ses parents habitent toujours la maison dans laquelle Michelle a été élevée.
11. Parfois Michelle songe à retourner chez eux, mais elle s'habitue à sa vie moderne.

CHAPITRE 9

Portes ouvertes ou fermées?
Différences de classe

INTERACTION I: Potins-cancans à l'heure du thé

AUTREMENT DIT

A. Réactions.

1. J'ai de bons rapports avec eux.
2. Tu n'aurais pas dû le lui dire.
3. C'est comment?
4. C'est qui?
5. C'est le jeune homme aux cheveux longs?

STRUCTURE I

A. C'est possible?

1. conditionnel
2. passé du conditionnel
3. passé du conditionnel
4. passé du conditionnel
5. passé du conditionnel
6. conditionnel

INTERACTION II: Tous les métiers se valent

AUTREMENT DIT

A. Réactions.

1. La vie est dure.
2. Malheureusement, on n'a pas toujours ce qu'on veut dans la vie.
3. Je n'oublierai jamais.
4. Je suis désolé/e.
5. C'est vraiment bête de ne rien dire.

Answer key

STRUCTURE IV

A. Le réel ou l'idéal?

1. une possibilité
2. la réalité
3. la réalité
4. une possibilité
5. la réalité

DICTEE

Potins-cancans: des répercussions.
1. Dis, tu connais Mme Lalande? C'est vraiment dommage qu'elle soit tellement snob.
2. Elle a de mauvais rapports avec ses voisins.
3. Elle est surprise que sa voisine, qui est de la haute bourgeoisie, se soit mariée avec un homme de la classe ouvrière.
4. On l'aurait invitée au mariage si elle n'avait pas été si méchante.
5. Nous ne sommes pas certains des détails mais il semble qu'elle ait écrit une lettre à Chantal.
6. Dans cette lettre, elle a dû dire des choses très indiscrètes sur le niveau social de Gaston.
7. Celle–là! Elle se mêle constamment de la vie des autres.
8. Pauvre Chantal. Elle aurait mieux fait de ne pas lire ces bêtises.
9. C'est vraiment bête, parce qu'après le mariage, Mme Lalande a appris que le grand-oncle de Gaston était un homme dont elle avait été amoureuse il y a très longtemps.
10. Elle n'oubliera jamais le jour où elle a dansé avec lui avant qu'il ne soit parti pour l'Allemagne.
11. On dit qu'elle aurait été ravie de le revoir au mariage.
12. C'est comme ça, la vie.

CHAPITRE 10

Ouvertures internationales
L'état et le monde

INTERACTION I: L'union européenne: utopie ou réalité?

AUTREMENT DIT

A. La Communauté Economique Européenne.

1. vrai
2. faux
3. vrai
4. vrai

STRUCTURE I

A. Publicités.

1. sans nous consulter!
2. à moins que vous n'aimiez ces taches d'herbe et de chocolat!
3. après avoir consulté votre dentiste!
4. avant qu'il ne soit trop tard!
5. jusqu'à ce qu'ils grandissent.
6. afin de les conserver toute votre vie!

STRUCTURE II

A. Habitudes.

1. action habituelle
2. une seule fois
3. une seule fois
4. action habituelle
5. une seule fois

 Answer key

INTERACTION II: Une Guadeloupe indépendante?

AUTREMENT DIT

A. Exprimez-vous.

1. surprise
2. bonne humeur
3. colère
4. mauvaise humeur
5. colère
6. surprise/colère

STRUCTURE IV

A. Passé ou futur?

1. s'est déjà passé
2. pourrait arriver
3. va arriver
4. s'est déjà passé
5. va arriver
6. pourrait arriver

DICTEE

Joëlle et Joseph.
1. Ça vous surprend que Joëlle ne veuille pas aller à Paris?
2. Quand son frère lui a demandé si elle voulait y aller avec lui, elle s'est mise en colère.
3. Elle a dit qu'elle n'y mettrait jamais les pieds.
4. Joseph a dit qu'elle avait l'air de parler sérieusement!
5. Elle a dit que les gendarmes aux Antilles venaient tous de là-bas.
6. Selon Joseph, si leur mère n'avait pas travaillé comme fonctionnaire, Joëlle et lui auraient eu moins d'avantages.
7. Joëlle craint que les Français veuillent donner aux Antillais une mentalité de Blancs.
8. Elle préférerait garder l'identité culturelle de son pays.
9. Joseph se demande comment on pourrait payer les avantages sociaux dans une Guadeloupe indépendante.
10. Elle ne l'aurait jamais cru venant de son propre frère!